Jean Baker Miller · Die Stärke weiblicher Schwäche

Jean Baker Miller

Die Stärke weiblicher Schwäche

Zu einem neuen Verständnis der Frau

Goverts

Aus dem Amerikanischen
von Roland Fleissner

Deutsche Ausgabe: Goverts im S. Fischer Verlag GmbH,
Frankfurt am Main 1977
Die Originalausgabe erschien 1976 unter dem Titel
»Toward a new psychology of women«
bei Beacon Press, Boston
Umschlagentwurf: Hannes Jähn
Satz und Druck: Georg Wagner, Nördlingen
Einband: Hans Klotz, Augsburg
Printed in Germany
ISBN 3 77 400474 9

Dieses Buch
ist Helen Merrill Lynd gewidmet

Inhalt

Vorwort 11

Teil I
Die Fähigkeiten des Geistes – bis heute 15

1. Herrschaft – Unterordnung 16
Temporäre (zeitweilige) Ungleichheit 17
Permanente (anhaltende) Ungleichheit 19

2. Konflikt – auf die alte Art 30
Verdeckter Konflikt – geschlossener Konflikt 30
Offener Konflikt – lösbarer Konflikt 35

3. Die Wichtigkeit unwichtiger Leute 40

Teil II
Ein Blick zurück und ein Blick in die Zukunft . 49

4. Stärken 51
Verletzlichkeit, Schwäche, Hilflosigkeit 51
Emotionen 64
Teilnahme an der Entwicklung anderer 66
Kooperation 67
Kreativität 71

5. Gutes tun und sich schlecht dabei fühlen 78
Geben 78
Aktivität – Passivität 82
Wandel und Veränderung 85
Das »Weiblich-Böse« und das weibliche Gefühl der Mangelhaftigkeit 89

6. Dienen für die Bedürfnisse anderer – etwas für andere tun 93
Das »integrierende Element« 93
Abschied einer Super-Frau 98
Änderung bahnt sich an 102
Seltsame Theorien über die »menschliche Natur« . 104
Ego-Entwicklung 108

7. Ausgeschlossen von der »wirklichen Welt« . . . 111
Innerhalb der »wirklichen Welt« 113

Teil III
Bemerkungen zu einer künftigen Lösung . . . 119

8. Bindungen an andere 121
Wie wirkt Verbindung? 124
Das Streben nach Bindung – »Neurosen« 130

9. Selbstwerdung – Authentizität, Kreativität . . . 141
Authentizität durch Kooperation 147
Isolation 150
Geschlechtsauthentizität 152
Erste Schritte 155
Kreativität und ein Ziel 159

10. Das alles – aber es ist nicht genug 164
Macht 165
Selbstbestimmung 168
Die Furcht der Frauen vor Macht 169
Masochismus und Macht 173
Lebensbereiche mit und ohne Macht 174

11. Der Anspruch auf Konflikt 177
Unterdrückter Konflikt 179

Der »Schmelztiegel« Konflikt 181
Alte Ansichten und Formen von Konflikt 183
Anstöße zu Konflikt 184
Das Austragen eines »guten« Konfliktes 186

Nachwort:
Ja – aber 189

Anmerkungen 191

Vorwort

Unter den Frauen breitet sich heutzutage ein neuer Geist aus, eine neue Art von Gemeinschaftsgefühl und intensiver Kooperationsbereitschaft, was die eigenen Belange sowie die Auseinandersetzung mit wichtigen allgemeinen Fragen angeht.

Die Gedanken der einen Frau lösen leicht weitere und weiterführende Überlegungen bei anderen aus. Es gibt viele Frauen, die die Ideen aufgreifen und nutzen werden, wenn sie wertvoll sind. Und sind sie es nicht, werden sie sich sehr kritisch mit ihnen auseinandersetzen.

Nur innerhalb einer solchen Gemeinschaft von gleichgesinnten und verständigen Menschen möchte ich die Inhalte meines Buches überhaupt vorbringen, denn ich betrachte meine Arbeit hier als Teil eines Prozesses. Es ist ein Versuch, einen Rahmen für das Verständnis der weiblichen Psychologie abzustecken. Als Teil eines Prozesses soll das Buch zur Anregung dienen; d. h., es ist die Bemühung, einen Schritt vorwärts auf ein großes mögliches Ziel hin zu tun. Das wesentlich Neue in unserem Leben als Frauen ist ja gerade, daß wir uns diesen Prozeß nun vorstellen können als einen, in dem wir sehr viel freier und stärker aneinander Anteil nehmen können, die ganze Zeit über. Es ist eine große Freude, in dieser neuen Weise mitdenken und mitarbeiten zu können.

Das Folgende ist ein Versuch, die Kräfte zu verstehen – und zwar in unserer Eigenschaft als Frauen –, die auf und in Frauen wirken – das Leben zu verstehen, wie es war und wie es für die meisten von uns immer noch ist. Wir hoffen, daß wir, als Frauen, bei dem Versuch, Frauen zu verstehen, die Wege finden können, *allen* Frauen bei ihren psychischen Problemen zu helfen. Gleichzeitig sollte uns das richtige Verstehen der Kräfte, die auf alle Frauen einwirken, dazu führen, die wichtigen Ansatzpunkte für Veränderung und

Fortschritt zu erkennen. Damit sei nicht bestritten, daß viele außerordentliche und ungewöhnliche Frauen uns heute beeindrucken. Manche von ihnen haben uns eine bemerkenswerte Individualität vorgelebt oder uns Auftrieb gegeben durch die fabelhaften, mutigen oder einzigartigen Dinge, die sie getan haben oder tun. Anderen war es wieder gegeben, verborgene Wahrheiten über alle Frauen ans Licht zu bringen. Und gerade diese für alle Frauen gültigen Wahrheiten sind es, die wir weiter erforschen müssen. Wir verstehen sie noch nicht gründlich genug – und deshalb wissen wir auch nicht genau, wie wir uns selbst und anderen am besten helfen sollen. Ebensowenig wie wir wissen, auf welche Weise die Veränderungen herbeigeführt werden können, die wir für uns selbst wünschen.

Um die Hauptgedanken dieses Buches deutlicher und anschaulicher zu machen, zitiere ich Erfahrungsberichte aus dem Leben einiger Frauen. Es ist wichtig, darauf hinzuweisen, daß diese Darstellungen vereinfacht und schematisiert sind; sie dienen nur der Illustration. Um die Betroffenen abzuschirmen, habe ich ihre Identität stark kaschiert. Diese Skizzen wollen also keineswegs die tatsächliche Komplexität echter Lebenserfahrungen widerspiegeln.

Ich habe nicht einmal den Versuch unternommen, die Faktoren der Rassen- oder Klassenzugehörigkeit zu berücksichtigen, die im Leben von Frauen aber doch einen so enormen Unterschied machen. Ich habe mich statt dessen ganz allgemein auf die Kräfte konzentriert, von denen ich glaube, daß alle Frauen von ihnen betroffen sind – einfach weil sie Frauen sind.

Oft schreiben Autoren, ihre Bücher seien das Produkt von mehreren, die Einfluß genommen oder ermutigend gewirkt hätten, doch dieses Buch ist in einem viel stärkeren Maße und in einem konkreteren Sinn das Resultat gemeinsamer Bemühungen. Obschon ursprünglich nicht als Kollektivarbeit geplant, wurde es im Verlauf der Arbeit doch mehr und mehr dazu. Teile des Materials habe ich mit verschiedenen Gruppen und einzelnen Personen diskutiert, die weit mehr ihrer Zeit und ihres Interesses in die kritische Begutachtung investiert haben, als dies gewöhnlich der Fall ist. Außerdem haben Barbara DuBois, Joan Fried, Anne Bernays und Pearl und Roy Bennett (oft unter Zeitdruck) frühere Fassungen des Typoskripts ganz oder in großen Partien gelesen und gründlicher Kritik unterzogen. Dies fand mit der ständigen Unterstützung durch die *Brookline Women's Counseling Group* und im Gedankenaustausch mit ihr statt, einer der vielen Frauenvereinigungen, die darum kämpfen, eine feministische Therapie in Theorie und Praxis zu schaffen.

Am meisten ist es MaryAnn Lash von der Verlagsleitung von Beacon Press zu danken, daß dieser Text als Buch existiert, denn sie hat mich gelehrt, daß ein Buch Teil eines Entwicklungsprozesses sein kann. (Ich hatte dies zwar bei anderen Dingen für möglich gehalten, konnte es aber nicht für ein Buch annehmen.) Doch nicht nur kann ein Buch Teil eines Entwicklungsprozesses sein – das eigentliche Machen dieses Buches war schon ein neues Verfahren der Buchproduktion für uns. Auf jeder einzelnen Entwicklungsstufe wanderte das Textmaterial zwischen uns hin und her, und jedesmal trug MaryAnn viel dazu bei und brachte neue Ideen ein. In nicht geringem Maß war das ihrer Fähigkeit zu danken, etwas aus meiner undurchdringlichen Schreibweise zu machen, in der sie sich zurechtfand und die zweifellos jemanden mit weniger Verstand und weniger Hingabe entmutigt und zum Aufgeben gezwungen hätte. MaryAnn besitzt jene große und seltene Gabe: die Fähigkeit, anzuregen und zu stimulieren, ohne sich jemals einzumischen oder aufdringlich zu sein. Könnten wir doch alle so miteinander umgehen! Ihre Fähigkeit war eine praktische Demonstration all dessen, worüber wir hier sprechen wollen und was wir lernen müssen.

Die endgültige Entscheidung lag stets bei mir, und so trage ich auch die Verantwortung.

Ich möchte aber auch dem *American Journal of Orthopsychiatry* meinen Dank aussprechen dafür, daß ich Texte, die ursprünglich in etwas anderer Form dort veröffentlicht worden sind, hier verwenden darf.

Jean Baker Miller

25. Oktober 1975
Boston, Massachusetts

Teil I

Die Fähigkeiten des Geistes – bis heute

Die Menschheit wurde in einer beschränkten und verzerrten Einschätzung ihrer selbst gehalten – angefangen bei der Deutung der intimsten persönlichen Gefühle bis hin zu den großartigsten Erscheinungen menschlicher Möglichkeiten –, und zwar eben wegen der Unterdrückung der Frauen.

Bis vor kurzem noch war es das Selbstverständnis der »Menschheit« (der männlichen!), das uns allen als einziges zu Gebote stand. Aber indem andere Vorstellungen auftauchen – eben solche Vorstellungen, die Männer aufgrund ihrer beherrschenden Stellung nicht *denken konnten –, weitet sich das Gesamtbild der humanen Möglichkeiten und verändert sich. Das alte Bild ist stark in Frage gestellt.*

Frauen haben bislang eine untergeordnete Stellung eingenommen, die in vielem der einer dienenden Klasse oder Kaste ähnlich war. Deshalb ist es notwendig, Frauen zunächst als »Nichtgleiche« oder »Untergeordnete« zu betrachten. Aber im selben Moment ist natürlich auch klar, daß die Position der Frauen nicht allein mit den Begriffen ihrer Ungleichheit verstanden werden kann. Eine weit kompliziertere Dynamik folgt daraus.

Frauen haben in der männlich-orientierten Gesellschaft eine spezifische Rolle gespielt, wie sie keine andere unterdrückte Gruppe sonst innehatte. Sie waren durch intime und gefühlsintensive Beziehungen mit den Männern verbunden, und sie haben das »Milieu« geschaffen – die Familie –, in dem der menschliche Geist, wie wir ihn kennen, geformt wurde. Insofern hat die Situation der Frauen eine Schlüsselfunktion für das Verständnis der psychologischen Zusammenhänge.

1. Kapitel

Herrschaft – Unterordnung

Das ganze Buch hindurch werden wir uns mit der Kernfrage der Verschiedenheit herumzuschlagen haben: Wie verhalten sich Menschen anderen Menschen gegenüber, die sich von ihnen unterscheiden? Und warum? Auf der Ebene des Individuellen: das Kind kann nur heranwachsen, indem es eine Verbindung mit Menschen eingeht, die sehr verschieden von ihm sind. Diese Unterscheidung, die zwischen einem Erwachsenen und einem Kind, ist die signifikanteste. Auf der Ebene des Menschlichen ganz allgemein finden wir schwerwiegende Probleme bei einer Vielzahl von Unterschiedlichkeiten, doch die grundlegendste Verschiedenheit ist die zwischen Frauen und Männern.

Für beide Ebenen sind zwei Fragen zu stellen. Wann wirkt das Betroffensein von Verschiedenheit stimulierend bei der Entwicklung und dem Weiterkommen der beiden an dieser Beziehung Beteiligten? Und umgekehrt, wann hat die Konfrontation mit dem Andersartigen negative Folgen: Wann führt sie also zu großen Schwierigkeiten, Verschlechterungen, Verzerrungen und einigen der schlimmsten Formen von Erniedrigung, die menschliche Wesen erfahren können, Individuen genauso wie Gruppen, zu Willkür und Gewalttätigkeit? Es ist uns allen klar, daß die »Menschheit« (d. h. die »Mannheit«) ganz allgemein, besonders in unserer westlich-abendländischen Tradition, aber in einigen anderen Kulturen ebenso, in dieser Hinsicht auf keine sehr rühmliche Geschichte zurückblicken kann.

Es ist uns aber nicht immer so klar, daß in den meisten Fällen von Verschiedenheit auch ein Element der Ungleichheit steckt – eine Ungleichheit, die bei aller Verschiedenheit der Ursachen fundamental ist in bezug auf Status und Macht. Es hat sich als nützlich erwiesen, angesichts der oftmals verwirrenden Folgen solcher Konfrontation mit Verschiedenheit die Frage zu stellen: Was geschieht in Situationen von Ungleichheit? Welche Kräfte geraten in Bewegung? – Wenn wir nun in unserer Diskussion die Begriffe »dominierend« und »untergeordnet« verwenden, sollten wir darüber allerdings nicht vergessen, daß hier Frauen und Männer aus Fleisch und Blut betroffen sind. Doch das abstrahierende Sprechen erlaubt uns manchmal, Dinge zu akzeptieren, die wir auf einer mehr persönlichen Ebene vielleicht nicht eingestehen würden.

Temporäre (zeitweilige) Ungleichheit

Für unsere Zwecke sind zwei Arten von Ungleichheit von Bedeutung. Die erste könnte man als »temporäre Ungleichheit« bezeichnen. Hier wird der schwächere Partner als *sozial* ungleich definiert. Beispiele sind hauptsächlich die Beziehungen zwischen Eltern und Kindern, Lehrern und Schülern und, vielleicht, zwischen Therapeuten und Patienten. In diesen Beziehungen gibt es bestimmte Ansprüche, die oft weder ausdrücklich formuliert noch tatsächlich ganz ausgenutzt werden. Doch sie bestimmen die soziale Strukturierung der Beziehung.

Der »überlegene« Teil besitzt angeblich mehr von einer Fähigkeit oder wertvollen Qualität, die sie/er der »geringeren« Person verleiht. Obwohl diese Fähigkeiten je nach Art der Beziehung variieren, umfassen sie generell Begriffe wie Gefühlsreife, Welterfahrenheit, körperliche Fertigkeit, reiche Kenntnisse oder die Techniken, die zur Erlangung bestimmter Kenntnisse führen. Von der überlegenen Person wird erwartet, daß sie mit der geringeren eine Bindung eingeht, dergestalt, daß der Geringere auf das Niveau der vollen Gleichheit emporgebracht wird; d. h. dem Kind muß dabei geholfen werden, ein Erwachsener zu werden. Das ist der umfassende Zweck einer solchen Beziehung. Dem Geringeren, in diesem Fall dem Kind, soll also etwas von der Person gegeben werden, die vermutlich mehr zu geben hat.

Obwohl der geringere Partner dem überlegenen oft ebenfalls viel zu geben hat, beruhen diese Beziehungen auf der Vorstellung des *Dienens* am Schwächeren. Das ist ihre *raison d'être*.

Es ist infolgedessen klar, daß das höchste Ziel die Beendigung der Beziehung ist, also die Beendigung des Zustandes der Ungleichheit. Die Periode der Disparität ist als nur temporär zu verstehen. Menschen können ihre Beziehungen als Freunde, Kollegen oder sogar als Rivalen fortsetzen, jedoch nicht als »Überlegene« und »Unterlegene«. Wenigstens ist dies die Absicht.

In Wirklichkeit sieht es allerdings so aus, daß wir auch Probleme genug mit dieser Art von Beziehungen haben. Eltern und pädagogische Institutionen beugen sich oft anderen Bedürfnissen eher als denen des schwächeren Partners (so können etwa Schulen mehr den Lehrern und der Verwaltung als den Schülern dienen). Oder der Geringere lernt, ein guter »Unterlegener« zu sein, anstatt den Weg aus der Unterlegenheit zur vollen Gleichheit zu gehen. Alles in allem ist es uns nicht gelungen, vernünftige Methoden zu entwickeln, mit denen wir die wichtigste Aufgabe bewältigen können: den Übergang von Ungleichheit zu Gleichheit zu erleichtern. Weder verfügen wir über eine adäquate Theorie und Praxis, was die Erziehung und die Ausbildung der Kinder angeht, noch haben wir wirkungsvolle Konzepte in anderen sogenannten »helfenden« Ungleichheitsbeziehungen, wie Heilkunde, Strafrechtswissenschaft und Rehabilitierung. Offiziell sagen wir zwar, wir wollen all diese Dinge fördern, aber wir versagen darin.

Es macht uns große Schwierigkeiten zu entscheiden, wie viele Rechte wir der unterlegenen Partei »erlauben« sollen. Wir quälen uns mit Überlegungen herum, wieviel Macht der

Unterlegene haben soll. Wie stark darf die unterlegene Person ihre eigenen Vorstellungen zum Ausdruck bringen oder danach handeln, wenn sie eindeutig von denen des Überlegenen abweichen? Vor allem fällt es äußerst schwer, die unterlegene Person jederzeit *als eine Person von ebenso hohem persönlichen Wert wie die überlegene* anzusehen.

Ein entscheidender Punkt dabei ist, daß in allen diesen Beziehungen Macht eine wesentliche Rolle spielt. Doch Macht allein genügt nicht. Macht existiert und muß in die Überlegungen miteinbezogen werden, man kann sie nicht leugnen. Und die Überlegenen verfügen ja auch über alle wirkliche Macht, doch Macht kann eben *das Ziel* nicht erreichen. Sie kann die ungleiche Person nicht zur Gleichheit emporbringen.

Unsere Schwierigkeiten mit diesen Beziehungen rühren vielleicht daher, daß sie im Umfeld eines zweiten Typus von Ungleichheit stattfinden, der dazu neigt, die Methoden zu verdrängen, die wir uns zur Handhabung des ersten Typus angeeignet haben.

Der zweite Typus von Ungleichheit lehrt uns, wie man Ungleichheit geltend macht und vollstreckt, aber nicht, wie man von Ungleichheit zu Gleichheit gelangt. Das Interessanteste daran ist, daß die Folgen davon erstaunlich im unklaren gelassen werden – ja, sie werden sogar häufig einfach geleugnet. In diesem Buch wollen wir uns auf diesen zweiten Typ von Ungleichheit konzentrieren. Wobei wir allerdings unterstellen, daß der zweite Typ die Art und Weise bestimmt hat und noch immer bestimmt, wie wir in Beziehungen des ersten Typus denken und fühlen.

Permanente (anhaltende) Ungleichheit

In dieser Art Beziehung werden Menschen oder Gruppen in einer Weise als ungleich definiert, die die Soziologen *Askription* nennen; d. h. die Geburt bestimmt einen. Kriterien dafür können Rasse, Geschlecht, Klasse, Nationalität, Religion oder andere Merkmale sein, die die Geburt zuschreibt.[1] Die Bedingungen dieser Art von ungleicher Beziehung sind ganz verschieden von denen der temporären Ungleichheit. Es gibt hier zum Beispiel nicht die Vorstellung, daß die Überlegenen vorwiegend dazu da seien, den Unterlegenen zu helfen, ihnen die eigenen Vorzüge und die eigenen »wünschenswerten« Eigenschaften mitzuteilen. Es besteht auch nicht die Annahme, daß es das Ziel der ungleichen Beziehung sei, die Ungleichheit zu beenden; ganz im Gegenteil. Eine ganze Reihe anderer Herrschaftsimpulse werden wirksam und treten mit großer Regelmäßigkeit auf. Ich werde auf einige dieser Impulse zunächst allgemein eingehen; später kommen wir auf sie zurück und wollen aufzeigen, wie sie sich in einem viel intensiveren, subtileren und zutiefst persönlichen Bereich auswirken. Manche dieser Strukturelemente mögen ganz selbstverständlich scheinen, tatsächlich besteht aber große Uneinigkeit und Verwirrung über die psychologischen Charakteristika, die durch so offenkundige Umstände wie diese hervorgerufen werden.

Die Dominierenden

Sobald eine Gruppe als untergeordnet definiert ist, neigen die Überlegenen dazu, sie mit dem Etikett des Fehlerhaften oder »Unter-dem-Standard-Liegenden« zu versehen. Dies kann alle möglichen Dinge betreffen, und die Etiketts vermehren sich rasch. So werden etwa Schwarze als weniger intelligent angesehen als Weiße, von Frauen wird angenommen, sie würden von Gefühlen beherrscht, und so weiter. Außerdem tendieren die Worte und Handlungen der dominanten Gruppe dazu, den Unterlegenen gegenüber destruktiv zu sein. Diese Tendenz wird durch die gesamte Geschichte bestätigt. Umgekehrt gibt es auch nachteilige Auswirkungen auf die dominierende Gruppe, wenn diese auch weniger offensichtlich sind. Sie sind ganz anderer Art und sehr viel schwerer zu erkennen; weiter unten und in den folgenden Kapiteln werden wir uns mit ihnen befassen.

Dominante Gruppen stellen gewöhnlich eine oder mehrere erwünschte Rollenfunktionen für die untergeordnete Gruppe auf. Erwünschte Rollen beinhalten bezeichnenderweise Dienstleistungen, die keine dominierende Gruppe selbst ausführen möchte (etwa die Beseitigung von Abfallprodukten der Dominierenden). Dagegen werden Funktionen, die die dominierende Gruppe gern selbst übernimmt, sorgsam gehütet, und der Zugang zu ihnen wird den Untergeordneten verwehrt. Innerhalb des gesamten Bereichs menschlicher Ordnungen gilt, daß die in einer jeden Kultur am höchsten geschätzen Aktivitäten meist Privileg der dominanten Gruppe werden; weniger begehrte Funktionen werden an die Untergebenen abgetreten.

Gewöhnlich wird gesagt, die Untergeordneten seien unfähig, die bevorzugten Rollen zu erfüllen. Ihre Unzulänglichkeiten schreibt man angeborenen geistigen oder körperlichen Mängeln zu. Sie sind demzufolge unabänderlich; weder Wandel noch Entwicklung ist möglich. Und bald fällt es den Herrschenden schwer, sich auch nur vorzustellen, Untergebene könnten zu den bevorzugten Aktivitäten fähig sein. Wichtiger noch, die Unterlegenen selbst finden es oft schwer, an ihre eigenen Fähigkeiten zu glauben. Der Mythos von ihrer Unfähigkeit, umfassendere oder wichtigere Rollen zu erfüllen, gerät nur ins Wanken, wenn ein drastisches Geschehen die gewohnte Ordnung zerstört. Solche Störungen treten meist von außen an die Beziehung heran. So »bemannten« etwa in der Notsituation des Zweiten Weltkriegs unerfahrene Schwarze und »inkompetente« Frauen plötzlich äußerst erfolgreich die Fabriken.

Daraus folgt, daß Untergeordnete dazu angehalten werden, persönliche psychische Eigenschaften zu entwickeln, die der dominierenden Gruppe gefallen, und daß ihnen diese Eigenschaften wie selbstverständlich zugeschrieben werden.

Diese Charakteristika bilden eine vertraute Häufung: Unterwürfigkeit, Passivität, Fügsamkeit, Abhängigkeit, Mangel an Initiative, Unfähigkeit zu handeln, zu entscheiden, zu denken – und dergleichen mehr. Im allgemeinen umfaßt dieses Bündel von Eigenschaften eher die typischen Merkmale von Kindern als von Erwachsenen – Unreife, Schwäche, Hilflosigkeit. Wenn die Untergebenen sich diese Charakteristika zu eigen machen, dann gelten sie als wohlgeraten und gut angepaßt.

Wenn hingegen Untergebene die Möglichkeit erkennen lassen, daß sie andere Eigenschaften entwickeln, oder noch gefährlicher, wenn sie sie bereits entwickelt haben – sagen wir, Intelligenz, Initiative, Selbstbewußtsein –, dann gibt es normalerweise innerhalb der bestehenden Einrichtungen keine Chance, daß solche Eigenschaften anerkannt werden. Solche Personen werden bestenfalls als außergewöhnlich, wenn nicht einfach als unnormal hingestellt. Es bieten sich ihnen keine direkten Möglichkeiten, ihre Fähigkeiten innerhalb des sozialen Gefüges einzusetzen. (Wie viele Neger und Frauen haben sich dumm gestellt!)

Dominierende Gruppen behindern gewöhnlich die Entwicklung der Untergeordneten und versperren ihnen die Möglichkeit, sich darzustellen und frei zu agieren. Sie reagieren gleichfalls militant bei eventuell auftauchenden Bestrebungen innerhalb der eigenen Reihen, mehr Vernunft oder größere Menschlichkeit walten zu lassen. Vor noch gar nicht allzulanger Zeit galt in den USA das Wort »Niggerlover« (»Negerfreund«) allgemein als Schimpfwort, und selbst heute noch sind Männer, die »ihren Frauen« einen größeren Spielraum als den sonst üblichen »gestatten«, in vielen Kreisen Zielscheibe des Spotts.

Eine dominierende Gruppe hat notwendigerweise den größten Einfluß auf sämtliche kulturellen Erscheinungen – die Philosophie, die Moral, die Gesellschaftstheorie und sogar die Wissenschaft. So legitimiert die dominante Gruppe die Beziehung der Ungleichheit und pflanzt sie in die Grundideen und Leitbilder der Gesellschaft ein. Die gesellschaftliche Auffassung verschleiert demnach den wahren Charakter dieser Beziehung – d. h. auch schon das Vorhandensein von Ungleichheit. Die Kultur erklärt die eintretenden Geschehnisse von anderen Prämissen her, die notwendig falsch sind, etwa mit rassischer oder geschlechtsspezifischer Minderwertigkeit. Zwar haben wir in den letzten Jahren in einem größeren sozialen Rahmen viele derartige Irreführungen aufgedeckt, doch eine umfassende Analyse der psychologischen Implikationen muß erst noch geleistet werden. Was zum Beispiel die Frauen betrifft, so hält sich trotz überwältigender Gegenbeweise hartnäckig die Überzeugung, sie seien passive, unterwürfige Wesen, gefügig und zweitrangig. Von dieser Prämisse her werden oft die Ergebnisse therapeutischer Behandlung oder Beratung mit Psychologen und anderen »Wissenschaftlern« festgelegt.

Selbstverständlich gibt die dominierende Gruppe das Modell für »normale zwischenmenschliche Beziehungen« ab. Es wird also »normal«, andere Menschen herabsetzend zu behandeln, sie zu erniedrigen, zu verschleiern, was man tut, indem man falsche Erklärungen gibt, und sich jeder Bestrebung zu widersetzen, die Gleichheit zum Ziel hat. Kurz, wenn man sich mit der dominanten Gruppe identifiziert, ist es »normal«, sich weiterhin nach diesem Muster zu verhalten. Und obschon die meisten von uns nicht gern glauben möchten, daß wir in solchen Herrschaftsmodellen denken oder gefangen sind, ist es doch tatsächlich für ein Mitglied der dominierenden Gruppe schwierig, anders zu handeln. Doch um weiter all das tun zu können, braucht es sich nur einfach »normal« zu verhalten.

Daraus folgt, daß dominierende Gruppen sich im allgemeinen nur ungern etwas über das Bestehen von Ungleichheit sagen lassen oder auch nur daran erinnert werden. »Normalerweise« können sie die Bewußtmachung umgehen, weil ihre eigene Interpretation der Beziehung sich so gut in andere Begriffe einpassen läßt; sie können sogar glauben, daß sie mit der untergeordneten Gruppe dieselben Interessen teilen und, in gewissem Maß, gemeinsame Erfahrung. Wenn man ein wenig nachhakt, werden die bekannten Rationalisierungen angeboten: »Der arme Schwarze hat ja auch nicht die Verantwortung des weißen Mannes zu tragen (und dessen Steuerlasten)«; Heim und Herd sind »der natürliche Platz für die Frau«; und »wir wissen schließlich, was für sie am besten ist«.

Herrschende ziehen es vor, Konflikte zu vermeiden – offene Konflikte, die die gesamte Situation gefährden und in Frage stellen könnten. Dies gilt besonders und fast tragischerweise dann, wenn viele Angehörige der dominierenden Gruppe es selbst nicht gerade sehr leicht haben. Angehörige der dominierenden Gruppe, oder doch zumindest Teile von ihr, wie etwa Weiße der Arbeiterschicht (die ja selbst auch Untergeordnete sind), gehen oft wegen ihrer kleinen materiellen und psychologischen Freiräume besonders ängstlich gesellschaftlichen Konflikten aus dem Weg. Worauf sich dominierende Gruppen im allgemeinen nicht einstellen und was sie meist nicht einmal sehen, ist die Tatsache, daß die Situation der Ungleichheit sie in Wahrheit selbst schädigt, besonders auf dem psychischen Sektor.

Zwangsläufig hat Ungleichheit zu einem Konfliktzustand geführt. Dann versuchen dominierende Gruppen, den Konflikt zu unterdrücken. Sie müssen jeden Zweifel an der »normalen« Situation als bedrohlich ansehen; wenn Untergeordnete irgend etwas in dieser Richtung unternehmen, wird das sofort als alarmierend empfunden. Dominierende Gruppen sind gewöhnlich davon überzeugt, daß die Dinge, so wie sie sind, gut und richtig sind, und zwar nicht nur für sie selbst, sondern besonders für die Untergeordneten. Jeder Moralkodex bestätigt das schließlich, und sämtliche Gesellschaftsstrukturen belegen es.

Es ist wohl unnötig hinzuzufügen, daß dominante Gruppen gewöhnlich die direkten Machtpositionen und die Autorität innehaben und bestimmen, in welcher Weise Macht vertretbar eingesetzt werden soll.

Die Untergeordneten

Welche Rolle spielen sie dabei? Da die Dominierenden bestimmen, was innerhalb einer Kultur als »normal« zu gelten hat, fällt es um so schwerer, die Untergeordneten zu verstehen. Die ersten Äußerungen der Unzufriedenheit und die ersten Aktionen seitens der Untergeordneten kommen stets als große Überraschung; man schiebt sie als atypisch beiseite. Schließlich *wußten* die Herrschenden ja, daß die Schwarzen stets glücklich und fröhlich waren und daß alles, was Frauen sich wünschten, ein Mann war, um den herum sie sich ihr Leben einrichten konnten. Angehörige der herrschenden Gruppe können nicht verstehen, warum »die« – die ersten, die ihren Unmut äußern – so aufgeregt und zornig sind.

Die für die Untergeordneten typischen Verhaltensweisen sind sogar noch komplexer. Eine untergeordnete Gruppe muß sich auf das schlichte Überleben konzentrieren. Darum wird die direkte und ehrliche Reaktion auf destruktive Behandlung vermieden. Ebenso muß eine offen vorgetragene, eigenständige Aktion im Eigeninteresse vermieden werden. Derartige Aktionen können (und das gilt noch heute) buchstäblich zur Vernichtung mancher untergeordneter Gruppen führen. In unserem Gesellschaftssystem kann die direkte Aktion einer Frau dazu führen, daß sie kombiniert finanzielle Härten, gesellschaftliche Ächtung, seelische Vereinsamung – und sogar eine Diagnose auf gestörte Persönlichkeit riskiert. Jede einzelne dieser Folgen an sich wäre schlimm genug. Einige Beispiele dafür, wie man solche Methoden anwendet, um das Verhalten von Frauen unter Kontrolle zu halten, werden wir in den folgenden Kapiteln behandeln.

Es kann also nicht verwundern, daß untergeordnete Gruppen sich in versteckte und indirekte Aktions- und Reaktionsweisen flüchten. Äußerlich sind solche Aktionen und Verhaltensweisen dazu gedacht, der dominanten Gruppe angenehm zu sein, doch tatsächlich enthalten sie häufig versteckten Trotz, Hohn und »Tricks«. Die Erzählungen des Volkes, Witze der Farbigen und was sich Frauen so erzählen, variieren oft das bewährte Muster: wie der listige Bauer oder Pächter den reichen Landbesitzer oder den Chef oder eine Frau ihren Mann übertölpelt. Das Wesentliche an diesen Geschichten ist immer, daß der Herrschende nicht einmal gemerkt hat, daß er zum Narren gehalten wurde.

Ein wichtiger Nachteil dieses indirekten Verfahrens für die Angehörigen der herrschenden Gruppe besteht darin, daß ihnen ein wesentlicher Teil des Lebens vorenthalten bleibt – die Möglichkeit nämlich, zu einer besseren Selbsteinschätzung zu finden, indem man die eigene Wirkung auf andere kennenlernt. Sie sind somit ausgeschlossen von der »gegenseitigen Bestätigung«, dem Feedback der Gruppe, und haben nicht die Chance, ihre Handlungen und Haltungen zu korrigieren. Ganz simpel gesagt: Untergeordnete werden sich nicht den Mund verbrennen. Aus den gleichen Gründen mangelt es der dominierenden Gruppe auch an stichhaltigem Wissen über die unterdrückte Gruppe. (Es ist eine besondere Ironie, daß die soziologischen »Experten«, die etwas über die unterdrückten Schichten zu wissen glauben, gewöhnlich Angehörige der dominanten Gruppe sind).

Untergeordnete wissen daher weit mehr über die dominierende Gruppe als umgekehrt. Sie müssen mehr wissen! Sie haben sich den Herrschenden weitgehend anpassen gelernt, sind in der Lage, deren Äußerungen von Vergnügen oder Mißvergnügen vorherzusehen. Und ich glaube, hier beginnt die endlose Geschichte von »weiblicher Intuition« und »weiblicher List«. Mir scheint es klar, daß diese »geheimnisvollen« Gaben nichts weiter sind als Fertigkeiten und Fähigkeiten, die in langer Praxis erworben wurden, indem Frauen unzählige kleine Signale, wörtliche und stumme, entziffern lernten.

Ein anderes wichtiges Resultat ist, daß Untergeordnete oft mehr über die Herrschenden wissen als über sich selbst. Wenn *Ihr* Geschick zu einem großen Teil davon abhängt, ob Sie einem Übergeordneten gefallen und ihm Bequemlichkeit verschaffen, dann werden Sie sich eben auf ihn konzentrieren. Außerdem hat es ja wenig Sinn, sich selbst zu erforschen. Warum sollten Sie auch, wenn Ihr Wissen über die Herrschenden Ihr Leben bestimmt? Diese Tendenz verstärkt sich noch durch viele andere Restriktionen. Sich selbst kann man nur durch Aktion und Interaktion, also durch Tun und Tun mit anderen, kennenlernen. Und in dem Maße, in dem die Möglichkeit zu Aktion und Interaktion bei Untergeordneten beschränkt ist, wird es ihnen an einer realistischen Einschätzung ihrer Fähigkeiten und Probleme mangeln. Unglücklicherweise wird dieser schwierige Prozeß der Selbsterkenntnis noch weiter kompliziert.

Es entsteht eine tragische Verwirrung, weil Untergebene sich zu einem großen Teil die Unwahrheiten zu eigen machen, die die Übergeordneten in die Welt setzen; es gibt sehr viele Schwarze, die sich den Weißen unterlegen fühlen, sehr viele Frauen, die noch immer glauben, sie seien weniger wichtig als Männer. Eine solche »Internalisierung«, also Übernahme der Vorstellungen der dominierenden Gruppe, findet leichter dann statt, wenn es kaum Alternativen gibt. Andererseits haben Angehörige der untergeordneten Gruppe oft auch sehr realistische Erfahrungen und Vorstellungen, die sehr genau die Wahrheit über sie selbst und ihre ungerechte Situation widerspiegeln. Ihre eigenen, der Wahrheit näheren Vorstellungen müssen zwangsläufig mit den Märchen kollidieren, die sie von der herrschenden Gruppe übernommen haben. Innere Spannungen zwischen den beiden Konzeptionen und ihren Ableitungen sind nahezu unvermeidlich.

Wie die Geschichte zeigt, haben sich untergeordnete Gruppen trotz aller Hindernisse immer wieder bemüht, größere Freiheit in Rede und Tat zu erlangen, obwohl dieser Prozeß natürlich den historischen Gegebenheiten entsprechend starken Schwankungen unterworfen war. Es hat zu allen Zeiten eine Gruppe von Sklaven gegeben, die revoltierte; und es gab Frauen, die bessere Bildungschancen und Selbstbestimmung anstrebten. Solche Aktionen werden in den Annalen der herrschenden Kultur aber meist nicht festgehalten, so daß es für die Untergebenen schwer ist, in Tradition und Geschichte Ansporn und Unterstützung zu finden.

Innerhalb jeder untergeordneten Gruppe streben manche Mitglieder danach, die Herrschenden zu imitieren. Dies kann die unterschiedlichsten Formen annehmen. Manche behandeln vielleicht ihre »Mitsklaven« genauso herabsetzend, wie es die Herrschenden tun. Einige wenige entwikkeln vielleicht genügend von den Eigenschaften, wie sie die Herrschenden schätzen, um teilweise in deren Gesellschaft aufgenommen zu werden. Gewöhnlich werden sie nicht völlig akzeptiert, und auch das nur dann, wenn sie bereit sind, die Identifikation mit ihren untergeordneten Genossen abzustreifen. Die »Onkel Toms« und bestimmte Frauen im Berufsleben haben sich häufig in einer derartigen Lage befunden. (Es wird immer ein paar Frauen geben, die es »schaffen« und von denen es dann lobend heißt, daß sie »wie ein Mann denken«.)

In dem Maße, in dem Untergeordnete zu eigener Ausdrucksmöglichkeit und freier Handlungsweise finden, werden sie die Ungleichheit bloßstellen und das Fundament, auf dem sie ruht, erschüttern. Sie werden dann aus dem inhärenten Konflikt einen offenen Konflikt machen. Dann werden sie die Last und das Risiko derer zu tragen haben, die man gemeinhin »Unruhestifter« tituliert. Da aber diese Rolle ihrer Konditionierung zuwider ist, übernehmen Untergeordnete, insbesondere Frauen, sie nicht leichthin.

Was bei der Untersuchung der Charakteristika beider Gruppen sofort ins Auge springt, ist die Unwahrscheinlichkeit einer wechselseitigen sinnvollen und nützlichen Interaktion zwischen Ungleichen. Im Gegenteil, Konflikt ist unvermeidlich. Die wichtigen Fragen sind dann: Wer definiert den Konflikt? Wer setzt die Bedingungen fest? Wann ist ein Konflikt verdeckt, wann offen? Um welche Streitpunkte wird in diesem Konflikt gekämpft? Kann einer dabei gewinnen, kann jede Partei gewinnen? Ist Konflikt *per definitionem* »schlecht«? Wenn nicht, was macht dann einen produktiven, was einen destruktiven Konflikt aus?

2. Kapitel

Konflikt – auf die alte Art

Verdeckter Konflikt – geschlossener Konflikt

In seinem eigentlichen Sinne ist Konflikt nicht notwendigerweise bedrohlich oder destruktiv. Ganz im Gegenteil. Wir werden im weiteren Verlauf versuchen, einen Überblick über die vielen Dimensionen zu geben, die Konflikt haben kann, doch an dieser Stelle genügt es zu sagen, daß wir alle durch Konflikt wachsen. Im individuellen Bereich: ein Kind würde nie heranwachsen, wenn es sich nur mit seinem Spiegelbild beschäftigte. Wachstum erfordert die Auseinandersetzung mit dem Andersartigen und mit Menschen, die dieses Andersartige verkörpern. Wenn Unterschiede offener anerkannt würden, könnten wir uns allmählich auch eine stärkere Ausdrucksform für die Erfahrungen beider Beteiligten erlauben und sie sogar fördern. Dies könnte zu einer klareren Selbsterkenntnis führen, zu erhöhter Fähigkeit, die eigenen Bedürfnisse zu erfüllen, und zu größerer Geschicklichkeit, auf andere einzugehen. Dies wäre eine Chance für die individuelle und wechselseitige Befriedigung, würde uns weiterbringen und noch dazu Freude machen.

Doch im Rahmen der Ungleichheit wird geleugnet, daß Konflikte bestehen; Mittel und Wege zu einer offenen Auseinandersetzung im Konflikt gibt es nicht. Überdies schafft die Ungleichheit selbst noch weitere Faktoren, die jede Interaktion verzerren und das offene Austragen der wirklichen Unterschiede verhindern. Kurz, beide Beteiligten werden von dem offenen Konflikt um wirkliche Differenzen abgelenkt, durch den sie weiterkommen könnten, und zu versteckten, fälschlichen Konflikten hingelenkt. Es gibt für diesen versteckten Konflikt keine annehmbaren gesellschaftlichen Formen oder Methoden, weil dieser Konflikt ja angeblich gar nicht existiert.

Schließlich herrscht ein massives Mißverständnis über die Eigenschaften und Merkmale jeder der beiden am Konflikt beteiligten Parteien. Man kann versuchen, dieser komplizierten Situation durch die Frage beizukommen: Was passiert denn heute *wirklich* im Konflikt zwischen Mann und Frau?

In einer Situation der Ungleichheit zwischen Mann und Frau gibt es zwei mögliche Drehbücher. Die Natur des Konflikts scheint von dem Grad abzuhängen, bis zu dem die Frau die Vorstellungen des Mannes über sie akzeptiert oder auch nicht akzeptiert. Wenn sie sein Bild annimmt, erkennt sie wahrscheinlich nicht, daß da ein Konflikt der Interessen und Bedürfnisse besteht. Statt dessen wird sie stillschweigend annehmen, daß ihre Bedürfnisse gestillt würden, wenn sie eine Position beziehen würde, die sich grundsätzlich am Vorrang der Männer orientiert und dem Dienst an deren Bedürfnissen geweiht ist. Manchmal »funktioniert« diese Annahme, wenn verschiedene günstige Umstände und eine gehörige Portion Glück zusammenkommen.

Paradoxerweise scheint es am besten zu funktionieren, wenn die Frauen sich weitgehend bewußt sind, was sie tun – wenn sie also aus dem Modell in Wirklichkeit aussteigen, aber so tun, als hielten sie daran fest. Sie schmeicheln der Vorstellung von größerer Wesentlichkeit und höherem Anspruch in den Männern. Zugleich haben sie jedoch genügend Sinn für ihre eigenen Rechte und Fähigkeiten entwickelt und kennen ihre eigenen Bedürfnisse gut genug, um sich entsprechend zu verhalten; und es gelingt ihnen sogar, bis zu einem gewissen Grad, Erfüllung zu finden. Das ist das Verfahren, das die sogenannte »kluge Frau« anwendet und das in den letzten zehn Jahren, bis zur Absurdität ausgewalzt, so viele Familienkomödien im Fernsehen beherrscht hat. Die kluge Frau bekommt, was sie will, indem sie es irgendwie so hindreht, als sei es genau das, was ihr Mann wünscht. Und die ganze Zeit weiß der arme Ehemann gar nicht, was vor sich geht. Oder wenn er es weiß, dann läßt er sich nichts anmerken. In Verbindung mit der Hochachtung vor ihrer Klugheit geht oft eine versteckte Kritik an dem »natürlichen Trickreichtum« der Frauen einher.

Solche Beziehungen beruhen nicht auf wachsender Offenheit und partnerschaftlicher Gegenseitigkeit; sie enthalten starke Täuschungselemente, starke Züge von Manipulation; oft findet sich dabei sogar offene gegenseitige Verachtung. Dennoch: solche Beziehungen – mögen sie auch nicht die beste Grundlage für ein beiderseitiges Weiterkommen darstellen – »funktionieren« oft, zumindest für eine Weile; manche geben vielleicht sogar genügend Spielraum, so daß die Bedürfnisse beider Partner teilweise erfüllt werden können. Die Frau ist dabei gewöhnlich äußerst geschickt; und die effizientesten unter ihnen verbergen sorgfältig, wie geschickt sie wirklich sind.

Viel größere Schwierigkeiten stellen sich ein, wenn Untergeordnete sich die Vorstellung der dominanten Gruppe zu eigen machen, sie seien minderwertig oder zweitrangig. Solche Frauen sind weniger dazu fähig, ihre eigenen Bedürfnisse zu erkennen und zu erläutern, sei es sich selbst oder den Männern. Sie glauben vielmehr, daß der Mann diese Bedürfnisse irgendwie stillen werde, und sind dann enttäuscht und leiden oft sehr dabei. Diese Situation kann dazu führen, daß immer mehr Forderungen gestellt werden, daß der Mann immer neue, zunehmend unklare Bedürfnisse stillen soll, die schließlich unangemessene und übertriebene Formen annehmen können.

Am Beispiel einer Familie wollen wir dies erläutern. Ich schildere in groben Zügen eine lange Geschichte, wie sie Frau und Mann nach großen Quälereien sehen und verstehen lernten. Es handelt sich um eine Situation, wie sie Psychiater, Romanschriftsteller und Dramatiker oft darstellen, denn es scheint, merkwürdigerweise, um ein Beispiel der »starken Frau« zu gehen. (Das Material wird zunächst nur flüchtig vorgestellt, später versuchen wir eine genauere Analyse.

Vom ersten Tag an akzeptierte Sally, die Frau, ihren Platz als Untergeordnete. Während sie sich nicht offen beklagte, begann sie jedoch, all die Dinge zu erwähnen, die ihr zu fehlen schienen – zuwenig gemeinsame Zeit für die Familie, das knappe Haushaltsbudget, die immer wieder verschobenen Urlaube. Sie machte deutlich, ohne es direkt auszusprechen, daß sie das Gefühl habe, Don, ihr Mann, sei weniger tüchtig, als sie geglaubt hatte, weniger erfolgreich, weniger befähigt als andere Männer. Sie fing an, seine Bedeutungslosigkeit im Haus zu betonen, und wies ihn auf seine Unfähigkeit hin, genügend Zeit für seine Familie zu erübrigen, was sie als Zeichen seiner Leistungsschwäche interpretierte. Gleichzeitig stellte sie ihre eigene Leistungsfähigkeit zur Schau und demonstrierte, wie schnell und geschickt sie mit den Aufgaben im Haushalt fertig wurde. Sie widmete ihren beiden Kindern sehr viel Zeit und war davon überzeugt, dies beweise ihre größere Zuneigung und »Liebe«. Je mehr sich die Probleme zuspitzten, desto stärker betonte sie die Schwächen ihres Mannes. Don neigte beispielsweise zu übereilten Entschlüssen, die er hinterher selbst manchmal bereute. Er konnte dieses Problem nicht mehr innerhalb ihrer Partnerbeziehung diskutieren, weil Sally jetzt seine Fehlentscheidungen übertrieb und als die Hauptursache der familiären Probleme hinstellte. Indem sie ihre eigenen nüchternen und vernünftigen Überlegungen dagegenhielt, befestigte sie ihre Überlegenheit. Don wurde immer unfähiger, sich gegen diese psychologische Sabotage zu verteidigen, da jeder Vorwurf ja ein Körnchen Wahrheit enthielt. Sally benutzte seine Schwächen, ihn zu erniedrigen und ihn verächtlich zu behandeln. Mit der Zeit fühlte er sich auch wirklich unzulänglich und erfolglos, weniger »männlich«, erniedrigt und entwürdigt. Auch die Kinder begannen ihn als schwach, als weniger gescheit, weniger überlegen und weniger um sie besorgt als die Mutter zu sehen. Sie wandten sich nur noch an sie, wenn sie irgend etwas wollten. Gleichzeitig haßten sie sie aber und mißtrauten ihr und gaben ihr die Schuld an der Zerstörung des Vaters.

Sally und Don hatten sich auf eine verheerend täuschendende, versteckte Kampagne eingelassen, aber sie hatten keine Siege errungen. Sally besaß zweifellos nicht den kompetenten Ehemann, den sie haben zu müssen glaubte. Zugleich hatte sie Angst, hinaus ins Leben zu gehen und selbst etwas zu erreichen. Tatsächlich war sie darauf auch schlecht vorbereitet, da sie früher die Bildungs- und Arbeitsmöglichkeiten, die sich ihr boten, nicht wahrgenommen hatte, um die Karriere ihres Mannes zu fördern. Im Verlauf der »Schlacht« hatte auch sie viel verloren: auch sie war vernachlässigt worden, war schwächer geworden.

Sally forderte nicht offen Gleichheit. Sie dachte nicht in derartigen Begriffen. Sie kämpfte nicht darum, ihre Fähigkeiten oder Interessen entwickeln zu können. Wenn sie dies getan hätte, wäre der Konflikt mit ihrem Mann und mit Bildungs- und Arbeitsinstitutionen sehr viel früher ausgebrochen. Ihr Konflikt war von ganz anderer Art. Obwohl man sie eine Unruhestifterin genannt hätte, falls sie sich darum bemüht oder es sogar gefordert hätte, eine gleiche Chance zu bekommen, sich über die eigenen Bedürfnisse und Interessen klarzuwerden, so hätte sie doch völlig anderen Grund unter den Füßen gehabt. Aber ihre Vorstellungen über ihre eigenen Bedürfnisse waren verworren, und so nahmen ihre Wünsche die Gestalt von Kritik an der Unzulänglichkeit ihres Mannes an. Die unterschwellige Botschaft in ihrem Verhalten lautete, daß Don »kein Mann« sei. Da beide, Mann und Frau, in dieser Dynamik gefangensaßen, steigerten sich die Angriffe auf die »Männlichkeit« des Ehemanns, die eben dadurch tatsächlich gemindert wurde. Dies in Verbindung mit dem Zorn über nichterfüllte Bedürfnisse und mit der entsprechenden Bestrafung dafür verwandelte das Modell in genau das Schreckgespenst, vor dem sich Männer wohl am meisten fürchten: dem Mann wird das

Gefühl oktroyiert, er sei der Frau unterlegen. Nicht die Situation der Ungleichheit hat sich verändert, aber die Positionen innerhalb des *Modells* scheinen vertauscht zu sein.

In Wirklichkeit ist das Modell, das man den Frauen nahelegt, das der sogenannten »temporären Ungleichheit«, wie wir es vorher beschrieben haben. Die Männer – die Überlegenen – sind angeblich »mehr« oder »haben mehr«. Ein derartiges Modell ist aber zwischen zwei Erwachsenen offenkundig unangemessen, weil es zu versteckten Erwartungen und Forderungen führt, die die psychischen Ressourcen des Mannes untergraben können. Es hätte einen offenen Angriff auf die männliche Position mit ihrer Dominanz und ihren größeren Privilegien geben sollen. Dies hätte sich letztlich für Mann und Frau wohltuend ausgewirkt. Aber man macht es den Frauen eben sehr deutlich, daß sie sich auf eine solche Auseinandersetzung besser nicht einlassen sollen.

Überdies verleitet die herrschende Sozialethik die Frauen oft, sich selbst und ihre Versuche, die eigenen Bedürfnisse zu erkennen und entsprechend zu handeln – oder ihren Lebensbereich über die vorgeschriebenen Grenzen hinaus zu erweitern –, so zu sehen, als sei damit entweder ein Angriff auf die Männer verbunden oder als versuchten sie zu sein wie Männer. Im Grunde glauben Frauen, sie wären destruktiv, wenn sie solche Dinge anstrebten. Tatsächlich werden Bemühungen von Frauen, ihr Leben reicher zu gestalten, selbst auf den traditionell weiblichen Gebieten, noch immer eifrig als Versuch fehlinterpretiert, die Männer zu schwächen oder zu imitieren. Frauen fiel es stets sehr schwer, ihre Selbstentfaltung anders als so zu sehen.

Offener Konflikt – lösbarer Konflikt

Wenn Untergeordnete ihre Lage als Minderwertige oder Zweitrangige nicht akzeptieren, suchen sie den offenen Konflikt. Wenn Frauen davon überzeugt sind, daß ihre eigenen Bedürfnisse gleichwertig sind, und dazu übergehen, sie zu erkunden und freimütiger zu äußern, dann werden sie als Erreger von Konflikten angesehen und müssen die psychologische Belastung ertragen, die ihnen daraus erwächst, daß sie die männlichen Vorstellungen von »echter Weiblichkeit« zurückweisen. Daraus resultieren oft Unbehagen, Ängste und noch schwerwiegendere Reaktionen auf beiden Seiten. Es besteht allerdings die Hoffnung, daß die Interaktion zweier geistig beweglicher und kompetenter Erwachsener die Bedürfnisse beider Partner der Erfüllung näherbringen kann. Männer wie Frauen werden aufhören, unter Forderungen und Ansprüchen zu leiden, die man nicht genau kennt und die infolgedessen dazu verdammt sind, unerfüllt zu bleiben. (Die spezifischen versteckten und offenen Ansprüche, unter denen Frauen leiden, werden später ausführlicher behandelt.)

Um die unnötig destruktive Situation in der Familie von Sally und Don zu verstehen, müssen wir beide ein wenig eingehender betrachten. Beide hatten bis zu ihrem Erwachsenwerden gute Voraussetzungen und Möglichkeiten, sich weiterzuentwickeln. Beide hatten sie eine Anzahl recht ähnlich gearteter Probleme, die sie jedoch auf unterschiedliche Weise angingen. Sie hatten jeder ziemlich starke Zweifel daran, ob sie fähig sein würden, als einzelne Individuen sicher zu existieren und zurechtzukommen. Beide sehnten sich bis zu einem gewissen Grad nach der starken, für alles sorgenden Persönlichkeit, die für ihre Probleme die Lösungen parat haben würde; aber sie waren zugleich darauf vorbereitet, sich wütend gegen diese Person aufzulehnen. Dabei verfügten beide über Fähigkeiten, auf die sie hätten stolz sein können und auf denen sie ein solides Gefühl der eigenen Stärke und Sicherheit hätten aufbauen können.

Ursprünglich hatte Sally in Dons Sorglosigkeit, seinem Humor, seiner jungenhaften Frechheit, seiner scheinbaren

Unbekümmertheit den langersehnten Ausweg aus den ihr verhaßten Gefühlen der Unzulänglichkeit gesehen, aus der Unfähigkeit, frei und doch sicher zu handeln; sie bewunderte genau das an ihm, was sie später so scharf verurteilte. Don seinerseits fand in der Beständigkeit und Effizienz seiner Frau etwas von der Kraft und Sicherheit, nach der er sich sehnte. Beide hätten sie viel davon »lernen« können, wie ihr Partner die Grundfragen anpackte, doch dies findet gewöhnlich dann eben nicht statt, wenn in einer Partnerbeziehung wichtige Bedürfnisse nicht erkannt und erfüllt werden.

In einer Situation der Ungleichheit gibt es keine Anreize für die Frau, die eigenen Bedürfnisse ernst zu nehmen, sie zu erkunden und als selbständiges Wesen entsprechend zu handeln. Man hat ihr verboten, alle ihre Mittel einzusetzen, und so hindert man sie daran, ein brauchbares und verläßliches Gefühl für ihren eigenen Wert zu entwickeln. Statt dessen wird der Frau angeraten, sich auf die Bedürfnisse und die Entwicklung des Mannes zu konzentrieren.

Sich auf die eigene Entfaltung einzulassen und sie ernsthaft zu betreiben, fällt allen Menschen ziemlich schwer. Doch wie sich in letzter Zeit auf vielen Gebieten gezeigt hat, fällt dies den Frauen noch sehr viel schwerer als den Männern. Frauen erfahren keine Ermutigung, sich soweit wie möglich zu entwickeln, die Erfahrung geistiger Anregung durchzumachen, den Kummer, die Ängste und Schmerzen, die dieser Prozeß mit sich bringt. Statt dessen bestärkt man sie, die Selbsterforschung zu vermeiden und sich auf den Aufbau und die Erhaltung einer Beziehung zu einer einzigen Person zu konzentrieren. Tatsächlich legt man den Frauen die Überzeugung nahe, daß – sollten sie den geistigen und emotionalen Kampf der Selbstentfaltung durchstehen – das Endergebnis doch verheerend sein werde: sie verwirkten die Chance zu engen Beziehungen überhaupt. Eine solche Strafe wie diese drohende Vereinsamung ist für jedermann eine unerträgliche Vorstellung. Für die Frauen ist diese Drohung aber Wirklichkeit; sie war keineswegs Einbildung.

Um dies zu vermeiden, legt man den Frauen nahe, zweierlei zu tun. Erstens lenkt man sie davon ab, ihre Bedürfnisse zu überdenken und auszudrücken (denn das würde die drohende schreckliche Isolation oder schwerwiegende Konflikte nicht nur mit den Männern, sondern auch mit all unseren sozialen Einrichtungen, wie sie heute sind, bedeuten; und es würde, was ebenso schwerwiegend wäre, die Frauen in Konflikt bringen mit den eigenen Vorstellungen vom Frau-Sein). Zweitens werden Frauen darin bestärkt, ihre eigenen Bedürfnisse zu »transformieren«. Das bedeutet oft, daß es ihnen nicht gelingt, Bedürfnisse als solche zu erkennen, und zwar ganz automatisch und ohne daß sie es bemerken. Sie sehen ihre Bedürfnisse, als wären sie identisch mit denen anderer – meistens Ehemänner oder Kinder. Wenn Frauen diese Umwandlung gelingt und sie die erkannten Bedürfnisse anderer erfüllen können, dann, so glauben sie, werden sie sich wohl fühlen und beglückt sein. Frauen, denen dies gelingt, müßten sich demnach am wohlsten in dem derzeit bestehenden Sozialgefüge fühlen. Das Problem ist nur, daß es sich dabei um eine äußerst prekäre Übertragung handelt; sie hängt an einem seidenen Faden, und ich habe viele Frauen getroffen, die diesen Faden zerrissen haben.

Ein Beispiel für extreme Fälle solcher Übertragung finden wir in den Untersuchungen über Familien, bei denen Mitglieder an schweren seelischen Störungen leiden – an Schizophrenie. In solchen Familien scheinen die Eltern, vor allem die Mutter, die eigenen konfliktbeladenen und unerlösten Bedürfnisse irgendwie als die des Kindes aufzufassen. Aus diesen Studien drängt sich einem der Verdacht auf, daß solche Familien keine absoluten Ausnahmefälle sind, sondern eher übersteigerte Beispiele für eine Situation, die für alle gilt.

So ist es vielleicht kein Zufall, daß in den Jahren vor den neueren Untersuchungen zur Rolle der Frau in der psychiatrischen Literatur ein schwerer seelischer Krankheitszustand nach dem anderen als von der »dominierenden Mutter« und dem »schwachen einflußlosen Vater« »verursacht« dargestellt wurde. Das galt als erwiesen für Schizophrenie, Homosexualität, Kriminalität, Jugendschwachsinn und bei praktisch jedem anderen psychologischen oder sozialen Thema. Soweit derartige Beobachtungen stichhaltig sind, spiegelten sie wahrscheinlich den Druck der einander widerstreitenden Bedürfnisse von Männern und Frauen wider. Möglicherweise sind sie auch ein besonders gravierendes Symptom dafür, daß Frauen zum einen die Erfüllung aller ihrer Bedürfnisse innerhalb der Familie suchen, diese Bedürfnisse aber gleichzeitig *umwandeln* sollen – d. h. glauben sollen, ihre Bedürfnisse gehörten nicht ihnen, sondern jemand anderem.

All das werden wir in den folgenden Kapiteln entwirren und genauer untersuchen. Zunächst möchte ich unsere tragische Situation jedoch von einem anderen Gesichtspunkt aus beleuchten.

3. Kapitel

Die Wichtigkeit unwichtiger Leute

Wir haben gesehen, daß die Gesellschaft bestimmte Aspekte innerhalb des gesamten menschlichen Potentials hervorhebt und höher einschätzt als andere und daß die bevorzugten Aspekte in enger Verbindung zur Domäne der Herrschenden stehen, ja auf sie beschränkt sind. Gewisse andere Bereiche werden den Untergeordneten zugewiesen. Obwohl sie notwendig zur menschlichen Erfahrung dazugehören, werden sie von dieser jeweiligen Gesellschaft nicht besonders geachtet. Es ist im übrigen für Untergeordnete nicht leicht, die Aufmerksamkeit auf diese Aufteilung zu lenken.

Einige farbige Schriftsteller haben diese Erfahrungen beschrieben. Sie haben gesagt, daß die US-amerikanische Gesellschaft, innerhalb der umfassenderen Tradition westlicher Kultur, den Intellekt und bestimmte Führungs- und Managerqualitäten hochschätzte und daß deshalb körperliche Arbeit den Negern und den Weißen der Unterschicht zugeteilt wurde. Zugleich hätte man Menschen, die körperlich arbeiten, oft als weniger fügsame, weniger gelehrige Mitglieder der Gesellschaft angesehen. So haben wir zum Beispiel den Mythos von den sexuellen Heldentaten der Schwarzen erlebt oder die Vorurteile, daß die Tauschhändler oder »Steifhüte« rauhe, harte Kumpane seien. Man kann den gleichen Prozeß Frauen gegenüber beobachten, wenn es von ihnen heißt, daß der biologische Bereich – Körper, Sex und Kindergebären – ihre Domäne sei. Auch die früheste Interaktion mit Kindern und kindlichen Dingen ist noch ihnen allein vorbehalten.

Ich sagte bereits, daß Untergeordneten im allgemeinen die weniger geschätzten Aufgaben zugeschoben werden. Dabei ist interessant festzustellen, daß diese Aufgaben gewöhnlich mit der Sorge um körperliche Bedürfnisse und Bequemlichkeiten zu tun haben. Man erwartet von Untergeordneten, daß sie jene Partien des Körpers – oder Dinge, die damit in Berührung kommen – angenehm, ordentlich oder sauber machen, die als unangenehm, unbeherrscht oder schmutzig gelten. (Für saubere Wäsche zu sorgen ist ein augenfälliges Beispiel dafür; für ein Ventil des sexuellen Drucks zu sorgen ist ein anderes, nicht ganz so offenkundiges Beispiel.)

Es könnte sehr gut sein, daß Freud seine sehr spezielle Technik der Psychoanalyse entdecken mußte, weil es kritische Bereiche der menschlichen Erfahrung gab, die innerhalb der Kultur der dominierenden Gruppe vernachlässigt wurden, die nicht vollkommen akzeptiert und von der Gesellschaft nicht offen angesprochen wurden. Das heißt, die Herrschenden hatten sie *für sich selbst* nicht ausreichend berücksichtigt. Und eben diese Erfahrungsbereiche wurden folgerichtig den Frauen zugewiesen.

Womit befaßte sich die Psychoanalyse nun eigentlich wirklich? Da war zuerst Freud; er konzentrierte sich auf körperliche, sexuelle und frühkindliche Erfahrungen und sagte, diese seien von determinierender, wenn auch verborgener Bedeutung. Dann die jüngere psychoanalytische Theorie, die mehr dazu neigt, Gewicht auf den tieferen Konflikt der Gefühle, wie Verletzlichkeit, Schwäche, Hilflosigkeit, Abhängigkeit, und auf die grundlegenden emotionalen Bindungen zwischen Individuum und Gesellschaft zu legen. Die Psychoanalyse war also in einem sehr umfassenden Sinn bemüht, eben diesen kritischen Bereichen menschlicher Erfahrung Anerkennung zu verschaffen. Sie tat dies, glaube ich, ohne daß man sich darüber im klaren war, daß diese Erfahrungsbereiche der bewußten Erkenntnis des Menschen wohl deshalb unzugänglich blieben, weil sie so stark von den Männern losgelöst und so stark den Frauen zugeordnet waren. Nicht daß Männer nicht, wie alle Menschen, Erfahrungen auf diesen Gebieten hätten. Wie die Psychoanalyse sich nachzuweisen bemüht hat, handelt es sich ja um äußerst signifikante humane Erfahrungen. Und weiß Gott, sie tragen die Notwendigkeiten dieser Erfahrung mit sich herum. Man könnte also fast sagen, daß die Psychoanalyse für uns »nötig« wurde, gerade weil bestimmte wesentliche Bereiche der männlichen Erfahrung problematisch geworden waren und daher nicht anerkannt, nicht ergründet, sondern geleugnet wurden.

Darum wurden dann die Frauen für die Gesellschaft zu »Trägerinnen« bestimmter Aspekte innerhalb des gesamten menschlichen Erfahrungspotentials – jener ungelösten Aspekte. Die Folge davon ist, daß die Männer jene Bereiche nicht mehr völlig in ihr Leben integrieren können. Diese Dinge wurden aus der Arena des vollen und offenen Austauschs zurückgenommen und mehr und mehr in Bezirke außerhalb des vollen Bewußtseins verwiesen, wo sie dann alle möglichen erschreckenden Attribute annehmen. Und weil Frauen weniger fähig waren als Männer, ihre eigenen Erfahrungen und Belange zum Ausdruck zu bringen, gelang es ihnen nicht, diese Elemente wieder in den normalen sozialen Austausch zurückzuführen.

Wir sagten, unsere Kulturtradition hat bestimmte menschliche Qualitäten betont und als sehr wichtig herausgestellt. Vielleicht galten jene Fähigkeiten, die mit der Abwicklung des täglichen Lebens und der Bewältigung psychischer Gefahren zusammenhängen, von Anfang an als die wertvollsten. Doch was immer ihr Ursprung gewesen sein mag, sie wurden jedenfalls zunehmend geschätzt und von der herrschenden Kultur weiterentwickelt. Sie mußten sorgfältigst »kultiviert« werden; störende Tendenzen mußten beseitigt, bezähmt oder »gemeistert« werden.

Aspekte, die am dringlichsten bewältigt werden mußten, schienen die zu sein, die man für nicht kontrollierbar hielt oder für Zeichen von Schwäche und Hilflosigkeit. Seine Leidenschaften und Schwächen zu beherrschen, das wurde eine Hauptaufgabe des heranwachsenden Mannes. Eine ständige Bedrohung für die mühsam aufgebauten Kontrollen stellt jedoch die Sexualität dar, wegen ihrer Intensität und des mit ihr verbundenen gesteigerten Lustgefühls. Bedrohlich ist ebenfalls der Bereich der »Objektbeziehungen«, also die tiefe Bindung an andere Menschen beiderlei Geschlechts. In der Tat fühlen sich Männer stark zu anderen Menschen hingezogen, sowohl sexuell wie auch in einem umfassenderen emotionalen Sinn; doch sie haben auch starke Barrieren gegen dieses Verlangen errichtet. Hierin, so glaube ich, liegt die größte Ursache der Angst: daß nämlich dieses Verlangen sie zu irgendeiner undifferenzierten Masse hinabziehen könnte oder sie in einen Zustand versetzen könnte, in dem sie von Schwäche, emotionaler Zuneigung und/oder Leidenschaft beherrscht würden, und daß ihnen dadurch der langersehnte und langumkämpfte Status der Mannheit verlorengehen könnte. Diese Bedrohung, scheint mir, ist die eigentliche, die Gleichheit aufwirft, weil es hier gar nicht nur um Gleichheit geht, sondern die völlige Entblößung der Person befürchtet wird.

Viele unserer zeitgenössischen literarischen und philosophischen Werke und viele gesellschaftskritische Kommentare haben den Mangel an menschlichem Kontakt in allen unseren Institutionen zum Thema. Die Besorgnis über unsere Unfähigkeit, die Früchte der technologischen Entwicklung für menschliche Ziele nutzbar zu machen, ist weit verbreitet; das ist möglicherweise das Hauptproblem der dominierenden Kultur. Doch »menschliche Ziele« sind traditionsgemäß Domäne der Frauen; das Leben der Frauen wird hauptsächlich von ihnen in Anspruch genommen. Aber wenn Frauen Fragen stellten, die ihre Besorgnisse widerspiegelten, wurden ihre Bedenken meist beiseite geschoben und als einfältiges Zeug abgetan. In Wirklichkeit sind diese Themen aber heute wie früher alles andere als einfältig und nebensächlich; hier liegen vielmehr die hochexplosiven ungelösten Probleme der dominierenden Kultur überhaupt, und sie haben eine Fülle gefürchteter Begleiterscheinungen bei sich. Der Vorwurf der Unwesentlichkeit ist viel eher eine massive Verteidigungsreaktion, denn solche Fragen drohen Dinge wieder hervorzuholen, die man abgewehrt, geleugnet und tief verschlossen hatte – unter dem Etikett »weiblich«.

Um auf anderem Weg an die Sache heranzukommen, könnten wir auch fragen: Welche Themen tauchen in der gegenwärtig wiederbelebten Frauenbewegung auf? Sind es nicht vielfältige Äußerungen der Tatsache, daß die Frauen die Trägerinnen dieser menschlichen Notwendigkeiten für die Gesellschaft als Ganzes sind? Worüber haben sich Frauen also nun, zuletzt endlich offen, »beklagt«, und welche ihrer Klagen wurden am schärfsten kritisiert? Die radikaleren Sprecherinnen der Frauenbewegung haben die Zielsetzungen ja sehr klar formuliert:

1. Körperliche Freimütigkeit – Offenes, zwangloses Sprechen über den eigenen Körper – um seine Reaktionen und Funktionen kennenzulernen – zielt darauf ab, im Einklang mit dem Körper zu leben, anstatt ihn zu beherrschen oder zu behaupten, daß er uns beherrsche. Außerdem wird jede Art von Außenkontrolle über den Körper der Frauen strikt abgelehnt, angefangen bei der direkten sexuellen Beherrschung bis zu gesetzlichen Verfügungen.

2. Sexuelle Freimütigkeit – Ein vorurteilsloses Wissen um sexuelle Dinge ist dringend vonnöten, ebenso wie die Neudefinition der weiblichen Sexualität aus weiblicher Sicht; bisher hatte man für sie nur die männliche Perspektive. Ein wichtiger Aspekt dabei ist die Abschaffung der weiblichen Rolle als Sexualobjekt und die stärkere Betonung des Zusammenhangs von sexuellen, persönlichen und emotionalen Sinngebungen.

3. Emotionale Freimütigkeit – Das offene Ansprechen und Ausdrücken besonders von Gefühlen der Verletzlichkeit, der Schwäche u. ä., das von der herrschenden Kultur im allgemeinen nicht ermutigt wird, ist für die seelische Gesundheit von grundlegender Bedeutung. Andererseits wollen die Frauen aber auch Gefühle der Stärke offen bekunden, wozu sie gewiß ebenfalls nicht ermuntert wurden.

4. *Menschliche Entwicklung* – Die Verantwortung für die Pflege und Führung der menschlichen Entwicklung wurde traditionsgemäß im Zusammenhang mit den Kindern und der Frage, wer sich um sie zu kümmern hätte, erörtert. Heute stellt sich die umfassendere Frage, wie wir als Menschen eine angemessene Versorgung und Entwicklung *aller* Menschen, ob Kinder oder Erwachsene, sichern können.

5. *Dienende Funktion* – Eine Neuverteilung der Verantwortung für Dienstleistungen an anderen ist dringend erforderlich. Oft sind es rein äußerliche Dinge (wie etwa, wer im Büro den Kaffee kocht), doch erstreckt sich der Dienst am anderen bis in sehr fundamentale und psychische Bereiche.

6. *Behandlung als Objekt* – Viele Frauen haben scharf dagegen protestiert, daß man sie als Objekte ansieht, nicht nur im Sexuellen, sondern auf allen Gebieten. Sie sind nicht länger bereit, sich behandeln zu lassen, als wären sie »Sachen«. Dies gilt für alle Lebensbereiche.

7. *Vermenschlichung der Gesellschaft* – »Emotionalisierung«, und damit Vermenschlichung unseres Lebensstils und unserer Institutionen, heißt die Gefühlsqualitäten erkennen und ausdrücken, die jeglicher Erfahrung innewohnen.

8. *Private und öffentliche Gleichheit* – Forderungen nach einem gleichberechtigten, stärker auf Gegenseitigkeit und Zusammenarbeit hin ausgerichteten Leben nehmen ebenso zu wie die Ablehnung der herrschaftsorientierten, wettbewerbsbestimmten Methoden, wie sie heute noch privat und öffentlich vorherrschen. Quer durch die Reihen der Hierarchie und der Verwaltung verläuft der herausfordernde Protest.

9. *Persönliche Kreativität* – Besonders wichtig ist das Recht, an der Bildung der eigenen Persönlichkeit schöpfe-

risch mitbeteiligt zu sein, im Gegensatz zu dem bloßen Übernehmen von Form und inhaltlicher Bestimmung, wie sie die dominierende Gruppe uns vorschreibt.

Diese Liste von strittigen Themen läßt eine hochinteressante und aufregende Behauptung zu: Indem die von Männern beherrschte Gesellschaft einige ihrer lästigen und problematischen Notwendigkeiten in die Domäne der Frauen verdrängte, könnte sie zugleich, und ganz unbewußt, den Frauen nicht die »niedrigsten Bedürfnisse« der Menschheit, sondern ihre »wesentlichsten Notwendigkeiten« übertragen haben – nämlich die intensive, gefühlsgebundene Zusammenarbeit und die Kreativität, die für menschliches Leben und Reifen unabdingbar sind. Außerdem sind es heute die Frauen, die erkannt haben, daß sie dies offen und bewußt fordern müssen, wenn sie eine ganzheitliche Verwirklichung der Persönlichkeit auch nur im Ansatz erreichen wollen.

Frauen haben schon immer diese wesentlichen Notwendigkeiten »erfüllt«, auf vielfältige Weise. Und eben weil sie dies taten, konnten sie ein Reservoir äußerst wertvoller psychischer Eigenschaften entwickeln, die wir erst allmählich richtig zu verstehen und zu würdigen beginnen. Ich hoffe, daß uns bald Erkenntnisse aus anderen Forschungszweigen helfen werden, diese Kräfte und ihr dynamisches Wirken ausführlicher und exakter darzustellen. Im folgenden Teil möchte ich kurz einige dieser psychischen Eigenschaften beschreiben, wie sie sich der psychotherapeutischen Erfahrung darstellen.

Außerdem möchte ich in diesem Teil die Behauptung wagen, daß die Psychoanalyse, ganz allgemein gesprochen, zwei historische Phasen durchlaufen hat, daß aber die strittigen Fragen, wie sie gegenwärtig aus der Liste der »Beschwerden« von Frauen herauszulesen sind, vielleicht auf eine »dritte Phase« hinweisen, eine Phase, die die Psychoanalyse bisher noch nicht definiert hat. Verkürzt könnte man vielleicht sagen, die Psychoanalyse hat die »Arbeit der Frauen« geleistet, aber nicht erkannt, weswegen. Sie mußte diese »Frauenarbeit« in erster Linie deshalb übernehmen, weil die herrschende Kultur sie nicht leistete, ja sie nicht einmal in Erwägung zog. Und darin liegen ihre Probleme.

Teil II

Ein Blick zurück und ein Blick in die Zukunft

Abgesehen von der Ungleichheit, besteht noch eine andere, kompliziertere Beziehung zwischen den Frauen und der männlich bestimmten Gesellschaft. Frauen wurden nicht nur als Ungleiche behandelt – in vieler Hinsicht so wie andere soziale Gruppen, die als Untergeordnete etikettiert wurden –, sondern hatten eine besondere Dynamik auszuhalten.

Es ist sehr wichtig zu betonen, daß die seelischen Charakteristika, die wir in diesem Teil untersuchen wollen, in jedem Fall zwei Seiten haben. Derzeit sind sie bei den Frauen als Gruppe höher entwickelt. In einem Zustand der Machtlosigkeit und Ungleichheit können diese Eigenschaften zu Unterwürfigkeit und tiefen seelischen Problemen führen, wie wir nachweisen werden. Andererseits gilt es, den Blick stets auf die Zukunft zu richten: Die gleichen Eigenschaften stellen nämlich auch Energien und Stärken dar, die ein neues Bezugssystem schaffen könnten, das zwangsläufig anders sein müßte als das unserer männlich-beherrschten Gesellschaft.[1] *Bernard S. Robbins trug als erster die Idee vor, daß die psychischen Eigenschaften der Frauen bestimmten menschlichen Grundwerten besser entsprechen und eben darum sowohl Quellen der Stärke als auch Grundlage einer fortgeschrittenen Lebensform seien.*

Ich nenne diese Eigenschaften »Stärken«, weil ich diesen Punkt besonders hervorheben möchte. Man hat sie »Schwächen« genannt, und sogar die Frauen selbst haben sie so interpretiert.

Schon diese Bezeichung ist Teil der Abwertung und der Verdummung, die damit einherging.

Die in diesem Teil behandelten Themen stehen in einem bestimmten, sich geradezu aufdrängenden Zusammenhang zu zentralen Fragen der gegenwärtigen Psychoanalyse.

Heute befassen sich Psychoanalytiker mit dem Ursprung und dem Wesen sozialen Empfindens. Hauptprobleme sind das sogenannte »Abhängigkeitsbedürfnis« (ein Wort, über das man streiten könnte), die Entwicklung von Autonomie und/oder Unabhängigkeit und die Grundgefühle von Schwäche und Verletzlichkeit. (Über diesen Bereich der Psychoanalyse haben zum Beispiel Otto Kernberg und Harry Guntrip geschrieben. Andere waren Harry S. Sullivan, Frieda Fromm-Reichmann und W. D. R. Fairbairn.) Ich werde nicht den Versuch machen, diese Zusammenhänge im einzelnen zu durchleuchten, auch werde ich mich nicht der gängigen psychoanalytischen Terminologie bedienen, sondern ich möchte nur betonen, daß alle diese Themen und Probleme aufs engste mit der Position zusammenhängen, die der Frau von der sozialen und psychologischen Struktur unserer Gesellschaft zugeschrieben wird. Ja, ich bin sogar davon überzeugt, daß die Begriffe, in die wir diese Probleme fassen, ihren Ursprung in einer Situation erkennen lassen, in der die Frauen eine, wenn auch verdeckte Schlüsselrolle spielten. Im folgenden Kapitel will ich versuchen darzulegen, daß die Bemühungen der Frauen, mit diesen Problemen fertigzuwerden, direkt zum Kern dessen führen, was vielleicht das nächste, heute noch nicht klar umrissene, Stadium der Psychoanalyse oder der psychologischen Theorie sein könnte.

Wir werden uns also bemühen, das komplexe Gebiet der psychologischen Theorie von einem gänzlich anderen Gesichtswinkel aus zu untersuchen – nämlich einem, der bestimmte, sogenannte weibliche Eigenschaften berücksichtigt. Wir werden ganz einfach mit Beschreibungen beginnen und hierauf ein paar der daraus folgenden Schwierigkeiten genauer untersuchen. Danach sind wir vielleicht in der Lage, die Kräfte besser zu verstehen, die die derzeitige Situation schaffen und erhalten – oder andererseits, welche diese Situation verändern können.

4. Kapitel

Stärken

Verletzlichkeit, Schwäche, Hilflosigkeit

Heute räumt man in der Psychotherapie Gefühlen der Schwäche, Verletzlichkeit und Hilflosigkeit zusammen mit ihrer Begleiterscheinung, den Gefühlen von Bedürftigkeit, einen zentralen Platz ein. Wir alle kennen solche Gefühle, denken wir nur an den langen Reifungsprozeß, den wir als Menschen durchmachen, und denken wir nur, bezogen auf unsere Gesellschaft, an die Schwierigkeiten und die mangelnde Unterstützung, unter denen die meisten von uns während ihrer Kindheit und tatsächlich auch während ihres Erwachsenenlebens zu leiden haben. Derartige Gefühle sind natürlich höchst unangenehm – im Extremfall sogar schrecklich –, und mehrere Richtungen innerhalb der psychodynamischen Theorie behaupten, sie seien die Hauptursache für verschiedene wichtige »Pathologien«. In den westlichen Gesellschaften werden die Männer dazu gebracht, Gefühle der Schwäche oder Hilflosigkeit zu fürchten, zu verabscheuen und zu verleugnen, wohingegen Frauen auf mancherlei Weise ermuntert werden, diesen Gefühlszustand zu kultivieren. Der entscheidende Punkt dabei ist jedoch, daß wir alle diese Gefühle haben und sie unvermeidbar sind, auch wenn unsere Kulturtradition unrealistischerweise von den Männern erwartet, daß sie sie ablegen, statt sie anzuerkennen.

Zwei kurze Beispiele illustrieren diesen Kontrast. Mary, eine begabte und tüchtige Krankenpflegerin mit zwei Kindern, bekam eine neue Position mit höheren Anforderungen angeboten. Sie sollte ein Team leiten, das eine neue Methode der Patientenpflege erproben sollte. Dies umfaßte einen größeren Arbeitsbereich für die Teammitglieder und bedeutete für Mary neue Koordinations- und Absprachenotwendigkeiten über die Sorgen und Schwierigkeiten der einzelnen

Mitarbeiter. Marys erste Reaktion war die Sorge, ob sie sich dieses Projekt zutrauen könnte; sie fühlte sich schwach und hilflos angesichts dieser gewaltigen Aufgabe. Manchmal war sie überzeugt, sie sei völlig unfähig dazu, und wollte das Angebot ablehnen.

Ihre Sorge war in gewissem Maße berechtigt, denn die Position eines Teamleiters ist schwierig und stellt in der Tat hohe Anforderungen, die man nur nach rigoroser Selbstprüfung übernehmen sollte. Aber Mary war außerordentlich geeignet und hatte die dafür erforderlichen Fähigkeiten bereits unter Beweis gestellt. Sie hatte allerdings noch einige der typisch weiblichen Probleme – es fiel ihr schwer, sich zu ihren Stärken zu bekennen, und sie verlor sie leicht aus den Augen. Ein klares Erkennen der eigenen Qualifikation hätte den Verlust des Images vom kleinen schwachen Mädchen bedeutet, an das sie sich klammerte, obwohl es offensichtlich unzutreffend war. Zwar schienen manche ihrer Befürchtungen durchaus gerechtfertigt, doch ihr Zögern, das alte Image aufzugeben, verstärkte ihre Ängste nur.

Im Gegensatz dazu war Charles, ein Mann, der ebenfalls sehr begabt war, über die Gelegenheit, eine Aufgabe mit höherem Niveau zu übernehmen, hocherfreut. Die administrativen Anforderungen und Verantwortlichkeiten waren ähnlich wie bei Mary und gleichermaßen anspruchsvoll. Kurz bevor er den neuen Job übernahm, zeigte Charles allerdings einige ziemlich ernsthafte körperliche Symptome; bezeichnenderweise sprach er nicht darüber. Seine Frau Ruth vermutete jedoch, daß sie von den Ängsten herrührten, die er angesichts der auf ihn zukommenden Aufgaben empfand. Da sie ihn gut kannte, sprach sie das Problem nicht direkt an, sondern ging es auf die einzige Art an, die sie sich zutraute. Sie meinte, es sei doch vielleicht eine gute Idee, wenn sie in der Ernährung, dem Tagesplan und im allgemeinen Lebensstil ein paar Änderungen einführte. Charles' erste Reaktion war Wut; er fuhr sie an und bat sie, ihm nicht dauernd auf die Nerven zu fallen. Später gestand er sich selbst und dann auch Ruth ein, daß er immer dann aggressiv würde, wenn er sich in seinen Fähigkeiten höchst unsicher fühle und eigentlich am meisten Hilfe brauche – besonders wenn irgendwer seine Schwäche bemerkt hätte.

Glücklicherweise ist Charles sehr bemüht, die Schwierigkeiten, sich diese Gefühle selbst einzugestehen, zu überwinden. Die Versuche seiner Frau eröffneten ihm die Möglichkeit, mit ihnen fertigzuwerden. Er hätte diesen Prozeß nicht selbst in die Wege leiten können. Er konnte auch nicht sofort auf ihre Initiative eingehen, doch ziemlich bald nach der Szene ertappte er sich dabei, daß er Tatsachen vor sich verleugnete. Ruth hätte sich leicht in die Ecke des Grolls und der Verletztheit zurückziehen können, und die Situation hätte leicht in gegenseitige Zornausbrüche und Vorwürfe ausarten können. Und dies gerade zu einer Zeit, in der Charles sich am verletzlichsten, hilflosesten und bedürftigsten fühlte.

Es ist ebenfalls wichtig anzumerken, daß Ruth für ihre Stärken *nicht* belohnt wurde. Im Gegenteil, sie hatte sogar dafür zu leiden: durch Zorn und Zurückweisung. Dies ist nur ein kleines Beispiel dafür, wie wertvolle Eigenschaften der Frauen nicht nur nicht erkannt, sondern bestraft werden. Selbst in diesem Fall vermochte die Frau (Ruth) nicht, ihre Erkenntnisse offen darzulegen. Sie mußte zu »weiblicher List« greifen. Wichtige Eigenschaften, wie etwa das Verständnis für menschliche Verletzlichkeit und die Bereitschaft zu helfen, können sich also gerade gegenteilig in zwischenmenschlichen Beziehungen auswirken, wie sie derzeit strukturiert sind, und sie können einer Frau das Gefühl geben, sie müsse im Unrecht sein.

In keiner Gesellschaft tritt die Person – weiblich oder männlich – gleich als Vollerwachsener auf. Ein wesentlicher Teil jeglicher Erfahrung ist daher die Erkenntnis der eigenen Schwächen und Grenzen. Diese wertvollste menschliche

Eigenschaft – nämlich die Fähigkeit, seelisch zu wachsen – bedingt zwangsläufig einen dauernden Prozeß, der das ganze Leben hindurch immer wieder Erfahrungen der Verletzbarkeit mit sich bringt. Wie das Beispiel von Charles zeigt, wurden die Männer konditioniert, Schwäche zu fürchten und zu hassen, sie unbedingt und sofort loszuwerden. Dieses Streben stellt meiner Ansicht nach den Versuch dar, die menschliche Erfahrung zu verzerren. Es ist nötig, in einem emotionalen Sinne zu »lernen«, daß diese Gefühle nicht schmachvoll oder abstoßend sind, sondern das Individuum weiterbringen können – wenn man sie als das akzeptiert, was sie sind. Nur so kann der einzelne zu neuen Stärken finden. Mit neuen Stärken eröffnen sich aber auch neue Verletzlichkeiten, denn schließlich gibt es keine absolute Unverwundbarkeit.

Daß es Frauen leichter fällt als Männern, sich bewußt zu Gefühlen der Schwachheit und Verletzbarkeit zu bekennen, mag als selbstverständlich gelten, doch die große Bedeutung dieser Fähigkeit haben wir noch nicht erkannt. Daß Frauen wahrhaftig sehr viel besser in der Lage sind, solche Gefühle – wie sie das Leben allgemein und besonders in unserer Gesellschaft in jedem hervorruft – zu akzeptieren, das ist eine positive Stärke. Viele männliche Jugendliche und junge Männer leiden anscheinend akut unter dem Zwang, vor diesen Gefühlen zu fliehen, *bevor* sie sie überhaupt erfahren haben. In diesem Sinn haben Frauen ein viel engeres Verhältnis zu den fundamentalen Lebenserfahrungen, zu der Wirklichkeit. Durch ihre engere Verbindung zu dieser zentralen menschlichen Bedingung und durch die Tatsache, daß sie weniger zu verteidigen und weniger zu verleugnen haben, können Frauen Schwächen eher verstehen und sie positiv umsetzen.

Kurz gesagt, unsere Gesellschaft gibt schon Männern in vielerlei Hinsicht das Gefühl der Schwäche, den Frauen aber noch sehr viel mehr. Doch da sie Schwäche »kennen«, können Frauen aufhören, die »Trägerinnen« der Schwäche zu sein, und Entwicklungshelferinnen eines anderen Verständnisses davon werden und passende Auswege finden. Indem die Frauen sich auf ihren eigenen Weg machen, können sie anderen den Weg zeigen.

Bis zum heutigen Tag fällt es Frauen, die bereits auf vielen Gebieten Stärken haben, schwer, diese zuzugeben. Mary, die Frau aus unserem ersten Beispiel, illustriert dieses Problem. Doch selbst wenn die Schwäche eine wirkliche ist, können Frauen zu Stärke und Leistung kommen, wenn sie nur einsehen, daß ihr Glaube an die *Richtigkeit* der Schwäche ganz in Ordnung ist. Nur wer Frauen versteht, kann begreifen, wie dieses psychische Moment wirkt, wie die Furcht, *nicht* schwach sein zu dürfen, sich ausbreiten und bestimmend werden kann, wie hartnäckig sie sich an uns klammert, ohne daß wir sie als das erkennen, was sie ist. Es ist für Männer, mit *ihren Ängsten* vor Schwäche, äußerst schwierig zu verstehen, warum Frauen daran festhalten und daß es für Mann und Frau offensichtlich nicht das gleiche bedeutet und auch nicht bedeuten kann.

Es gibt hier noch einen weiteren gesellschaftlich bedingten Punkt. Die Tatsache, daß derartige Gefühle allgemein mit dem Begriff der »Weiblichkeit« – also der »Unmännlichkeit« – assoziiert werden, ist dazu angetan, die Erniedrigungsgefühle eines Mannes zu verstärken, der derartiges erlebt. Indessen leisten Frauen alle möglichen persönlichen und gesellschaftlichen Hilfestellungen, damit die Männer nur so weitermachen können, und hindern so die Männer wie auch die gesamte Gesellschaft daran zu erkennen, daß bessere Übereinkünfte notwendig sind. Das heißt, die gesamte Interaktion zwischen Mann und Frau vermindert den Druck und die Dringlichkeit, sich mit unseren gesellschaftlichen Mängeln auseinanderzusetzen. Doch wir alle geraten in große Gefahr, wenn wir versuchen, einfach so weiterzumachen und weiterzuleben unter den schwierigen und bedrohlichen Umständen, unter denen wir heute leben. Wir verlieren am Ende alle, aber der Verlust wird verschleiert.

Wir verstehen die Situation von Charles besser, wenn wir fragen: Was wollte er wirklich? Wie die meisten Menschen wollte er zumindest zwei Dinge. Er wollte sie nicht nur, sondern war überzeugt, daß sie für sein Selbstgefühl unabdingbar seien. Er wollte erstens jede Situation mit vollen Segeln »wie ein Mann« meistern – das heißt, stark, selbstsicher und völlig kompetent. Er verlangte von sich, daß er sich stets so fühle. Jede Minderung empfand er als Bedrohung seiner Männlichkeit. Solche Aufforderungen sind extrem unrealistisch, denn wir stoßen immer wieder auf Herausforderungen im Leben und werden gewiß auch immer Zweifel hegen.

Während Charles dieses Image von sich selbst erhalten wollte, hatte er zugleich den, scheinbar widersprüchlichen, Wunsch, daß seine Frau irgendwie mit Geschwindigkeit und Zauberei alle seine Probleme für ihn lösen sollte, so daß er die eigene Schwäche nie bemerken würde. Sie sollte dies stillschweigend tun; es war wesentlich, daß er nie über seine Schwäche nachdenken oder sprechen mußte. Daß Ruth dieses Kunststück nicht auf der Stelle vollbrachte, war ein tiefsitzender Grund seines Zornes auf sie.

Statt dessen konfrontierte sie ihn mit dem Versuch, das Problem anzupacken, und erinnerte ihn damit an seine Gefühle von Schwäche und Verletzlichkeit. Doch selbst wenn sie nichts getan hätte, ihre bloße Gegenwart hätte ihm seine Frustration in seinem Wunsch nach totaler Fürsorge und Problemlösung vor Augen geführt. Dieser Wunsch ist bei vielen Menschen stark ausgeprägt, bei den meisten zumindest in gewissem Maß vorhanden. Solange Frauen mit dem Hauptanspruch leben, dem Mann zu gefallen und zu dienen, werden sie immer Objekt derartiger Sehnsüchte sein. Gleichzeitig werden sie unfähig bleiben, sich an der wechselseitigen Konfrontation und Kooperation zu beteiligen, die ihnen und anderen helfen könnte, den derzeitigen Zustand zu überwinden. Die Hoffnung dabei ist, daß solche Wünsche auf einer befriedigenderen Ebene behandelt und integriert werden können, je mehr man ein Gefühl für die eigenen Stärken und Vertrauen zu anderen Menschen entwickelt. Bei dieser Aufgabe haben wir unser ganzes Leben lang die anderen nötig, als Erwachsene genauso wie als Kinder.

Zu Beginn hat Ruth einen Schritt in dieser Richtung angeboten: den aufrichtigen Versuch, Charles zu helfen und mit ihm zusammen die Sache durchzukämpfen. Doch dies konnte er nicht annehmen. Seine Zurückweisung illustriert im kleinen, wie Frauen dazu kommen, sich für Versager zu halten, sogar in der traditionellen Rolle als Ehefrau. Da ein Gutteil ihres Selbstwertgefühls auf ihrer Rolle als Ehefrau beruhte, hätten derartige Erlebnisse Ruths Selbstvertrauen leicht untergraben können. Sie war durchaus bereit zu glauben, daß ihr Ehemann, da er ja der Mann war, im Recht war und daß sie unrecht hatte. Kurz gesagt: wenn die Mitglieder der dominanten Gruppe – also die Männer – behaupten, sie kennten keine Gefühle der Unsicherheit, dann können Untergeordnete (Frauen) diese Behauptung nicht einfach in Frage stellen. Überdies ist es ja gerade die verantwortliche Aufgabe der Frauen, den Bedürfnissen der dominanten Gruppe so zu dienen, daß diese auch weiterhin derartige Gefühle der Unsicherheit leugnen können. Die Tatsache, daß solche Emotionen in jedem Menschen vorhanden sind und daß sie durch die Probleme, die unsere Gesellschaft für uns alle mit sich bringt, nur noch verstärkt werden, macht eine schwierige Situation zu einer nahezu unmöglichen.

In manchen Partnerschaften scheint diese Mythologie zu »funktionieren«. Beide wissen bis zu einem gewissen Grad, was los ist, ein Gleichgewicht wird aufgebaut, so daß das Arrangement einigermaßen zufriedenstellend ist und der Status quo erhalten bleiben kann. Wenn sich eine Frau überlegte, welche Alternativen sie bislang denn auch außerhalb des Verheiratetseins hatte, war sie oft bereit, sich mit dieser Situation abzufinden. Allerdings können derartige Ehen auch andere Reaktionsweisen in den Frauen hervorrufen.

Frauen können in solchen Situationen manchmal sehr klug und verständnisvoll sein; doch so geschickt sie auch sein mögen, sie kennen immer nur die Hälfte oder weniger als die Hälfte. Meist weiß die Frau ziemlich genau über die schwachen Stellen ihres Mannes Bescheid und liefert ihm die nötigen Hilfestellungen. Aber wenn solche Frauen auch im häuslichen Bereich anscheinend recht gut funktionieren, entwickeln sie doch mehr und mehr die feste Überzeugung, daß der Mann, obwohl sie seine Schwächen deutlich sehen, irgendein unbekanntes Gebiet der Stärke haben müsse, irgendeine äußerst wichtige Fähigkeit, die ihn »in der wirklichen Welt zurechtkommen« läßt. Dieser Bereich im Mann wird der Frau zunehmend fremdartiger; er nimmt quasi Züge einer fast magischen Fähigkeit an, die Männer haben und Frauen nicht.

Manchmal sehen Frauen diese männliche Eigenschaft als etwas, an das sie *glauben* müssen; sie stellt ihren hauptsächlichen Halt dar. Viele Frauen entwickeln das starke Bedürfnis zu glauben, sie hätten einen starken Mann, an den sie sich hilfesuchend und hoffnungsvoll wenden können. Und obwohl es unwahrscheinlich klingt: dieser Glaube an eine magische Kraft des Mannes existiert direkt neben der intimen Kenntnis und Erfahrung seiner Schwächen, um die sie sich täglich sorgt und müht.

Frauen sind nicht einfach nur von den Erfahrungen der Arbeitswelt ausgeschlossen, sondern sie lernen tatsächlich glauben, es gebe eine besondere, ureigene Fähigkeit, die ihnen entgeht und ihnen notwendigerweise entgehen muß. Da Frauen entmutigt werden, sich ernsthaft selbst zu prüfen, wird ihr Bedürfnis noch verstärkt, an diese gewisse Eigenschaft der Männer zu glauben. Die meisten Frauen werden ihr Leben lang konditioniert, diesen Mythos zu glauben.

Und dieser Glaube ist eine (aber auch nur eine) der Ausprägungsformen dessen, was Psychiater und Theoretiker als Beweis für den sogenannten »Penisneid« betrachten. Ein Grund für ihre Annahme mag die Art und Weise gewesen sein, in der Frauen über diese »männliche Eigenschaft« reden – als wäre sie irgendeine magische und unerreichbare Fähigkeit. Manche Männer (möglicherweise jene mit größerer Selbsterkenntnis, als ich sie ihnen hier im allgemeinen zubillige) haben sich, wohl wissend, daß sie über keinerlei außergewöhnliche Fähigkeiten verfügen, die Frauen nicht auch hätten, eine Erklärung zurechtgelegt, die sich auf den sichtbarsten körperlichen Unterschied beruft: auf den Penis.

Die Wahrheit sieht wahrscheinlich sehr viel simpler aus: das einzige, was Frauen fehlt, ist praktische Erfahrung in der »Welt draußen«; dies und die *Gelegenheit* dazu, ebenso wie die beständige Überzeugung, man habe ein *Recht* darauf. Eine derart einfache Feststellung umfaßt allerdings eine ganz stattliche Anzahl komplexer psychologischer Konsequenzen.

Neue Wege, aus der Schwäche herauszukommen

Der Status quo wird gestört, wenn man seine Schwächen öffentlich *eingesteht*. Die schlichte Tatsache, daß jemand Gefühle der Schwäche und Verletzlichkeit zugibt, ist neu und originell. Der nächste Schritt – die Vorstellung, daß Frauen nicht zwangsläufig schwach *bleiben müssen* – wirkt sogar schon bedrohlich. Es ist dann die schwierige Frage anzuschließen, wie Frauen denn aus ihrer Schwäche herausfinden können. Und hier stoßen die Frauen sofort auf Opposition, die sogar sehr heftig werden kann.

Durch das Eingeständnis der eigenen Schwäche nehmen die Frauen zunächst einmal einen ungeheuren Akt der Bloßstellung vor. Und sobald sie hinzufügen: »Jetzt fühle ich mich zwar schwach, aber ich gedenke, von hier aus weiterzukommen«, zeigen sie eine große Stärke, und zwar eine, wie sie Männern besonders schwerfällt. Schon das könnten Männer nur schwer akzeptieren, doch darüber hinaus drohen die Frauen auch, bestimmte Grundpfeiler der Männer zu erschüttern. Ist es schon sehr hart, seine Stützen entzogen zu bekommen, so noch viel mehr dann, wenn man die ganze Zeit behauptet hat, daß man sie ja überhaupt nicht nötig hätte.

Echte Schwächen sind zwar für jeden Menschen ein Problem, doch liegt die Schwierigkeit für Frauen eher darin, ihre Stärken zu bekennen und sich dieses Potentials zu bedienen. Manchmal verfügen Frauen bereits über die nötigen Mittel oder doch eindeutig über eine Grundlage, auf der sie aufbauen können. Dabei treten oftmals Angstgefühle auf. Ja, derartige Angstgefühle werden sogar noch wesentlich durch die Opposition von seiten unserer Institutionen und von persönlich Nahestehenden verstärkt. Frauen stoßen auf verschiedenen Ebenen auf Hindernisse: nicht nur auf die intrapsychischen Hindernisse aus der eigenen Vergangenheit – die zur Furcht vor den eigenen Stärken führen –, sondern auch auf ganz reale Hindernisse.

Doch wenn Frauen damit beginnen, Formen von Stärke wahrzunehmen, die auf ihrer eigenen Lebenserfahrung beruhen, anstatt zu glauben, sie müßten die Eigenschaften besitzen, die sie den Männern zuschreiben, dann entdecken sie oftmals ganz neue Definitionen der Stärke. Ein schönes Beispiel, wie eine Stärke in eine soziale Form übergeführt werden kann, ist das System des Patienten-Advokaten, wie es in manchen Gesundheitszentren für Frauen entwickelt wurde.

Fast jeder weiß, welche Angst die Gegenüberstellung mit dem Arzt im Sprechzimmer bringen kann. Zusätzlich zu den Ängsten vor eventuellen Krankheiten und damit verbundenen Konsequenzen löst ein Besuch beim Arzt oftmals tieferliegende Ängste vor Verletzlichkeit, Verstümmelung und Tod aus. Die Frauen erkannten die Schwierigkeiten, mit diesen Ängsten allein fertigzuwerden, besonders wenn man es mit medizinischen Einrichtungen, wie sie derzeit strukturiert sind, zu tun hat. Beim System der Patienten-Advokaten geht eine erfahrene und sachkundige Vertrauensperson des Gesundheitsdienstes mit der Patientin in die Klinik oder in das Krankenhaus und bleibt an ihrer Seite, um ihre Meinung zu sagen, Fragen zu stellen und die ärztliche Diagnose kritisch unter die Lupe zu nehmen. Dieses Beispiel illustriert mehrere der wesentlichen Punkte, auf die ich hinaus will: Es fällt Frauen leichter, sich offen zu ihren Ängsten zu bekennen, und eben darum auch, ihre eigenen Bedürfnisse und Wünsche genauer zu bestimmen. Überdies fällt es ihnen auch leichter, sich an andere Menschen zu wenden und um Hilfe zu bitten. Selbstverständlich benötigen auch Männer derartige Hilfe. Sobald Frauen dieses Verfahren einmal etabliert haben, werden es sich ja vielleicht auch die Männer zunutze machen – doch es wird hoffentlich nur eine vorübergehende Einrichtung sein, bis sich auf dem gesamten Gebiet der Medizin eine größere Sensitivität in der Behandlung aller Menschen einstellt.

Verletzlichkeit in der Theorie und der Kultur

Wie wir sie bisher erörtert haben, könnten Gefühle der Schwäche, Verletzlichkeit und Hilflosigkeit wie Allgemeinplätze aussehen. Unsere Beschäftigung mit einigen ihrer offenkundigen Folgen hat vielleicht ihre grundlegende Bedeutung für die Psychologie der Gemeinschaft heutzutage verschleiert. Tatsächlich siedelt sie die moderne Psychiatrie aber im Zentrum der meisten Probleme an. Im Fachjargon belegt man sie mit eindrucksvolleren Bezeichnungen, doch die Fragen, wie ein Mensch dazu kommt, sich verletzlich oder hilflos zu fühlen, und was er oder sie dann dagegen zu unternehmen versucht, bilden wohl die Kernfrage von vielen

Problemen, mit denen sich die Psychiatrie heute beschäftigen muß. In ihrer extremen Form kann eine derartige Verletzlichkeit als Bedrohung von seelischer Vernichtung beschrieben werden, und dies ist wohl die allerschrecklichste Bedrohung überhaupt. Menschen versuchen gewöhnlich alles, um derartigen Bedrängungen zu entrinnen.

Es herrschen unterschiedliche Meinungen in der Psychiatrie heute über die Genese solcher Ängste sowie über die Reaktionsweisen, die sie hervorbringen. Rühren sie beispielsweise alle ursprünglich von der »Trennungsangst« des Kleinkindes her, wie es John Bowlby behauptet?[1] Oder entstehen sie, wie die Freudianer und andere Verfechter von Triebtheorien sagen, weil die Triebimpulse des Menschen mit der »realen Welt« kollidieren, wodurch (unter anderem) Gefühle der Schwäche und Verletzbarkeit ausgelöst werden? Aber ob nun irgendeine frühere oder heute gültige Theorie die Ursprünge solcher Gefühle angemessen zu erklären vermag, jede dieser Theorien entsprang einer Kulturszene, in der ein Geschlecht zur Verkörperung der Schwäche und das andere zur Verkörperung der Stärke gemacht war. Das wesentlich Neue ist, daß die Frauen sich heute in einer Position befinden, von der aus sie neue und möglicherweise radikal andere Perspektiven dieser Thematik eröffnen können.

Psychoanalytische Theorien behaupten (vereinfacht gesagt), daß der Mensch Methoden zu entwickeln suche, mit derartigen Gefühlen zu Rande zu kommen, Denkmechanismen, die ihn Gefühle der Verletzlichkeit und Hilflosigkeit überwinden lassen. Dementsprechend konstruieren sich die Menschen ein inneres Schema von Dingen, durch die sie Zufriedenheit und Sicherheit zu erlangen glauben. Dieses Schema kann sehr komplex, aber auch sehr starr werden. Oft sind Menschen davon überzeugt, daß sie der Welt und den Menschen auf eine bestimmte festgesetzte Weise begegnen müßten, und reagieren eventuell sehr heftig, wenn die erwünschte Situation oder Beziehung von ihnen nicht erreicht wird. Eine Möglichkeit, sämtliche psychischen Probleme zu beschreiben, wäre etwa, daß man sagte: die Menschen glauben, sie könnten nur sicher und zufrieden sein, wenn sie eine bestimmte Vorstellung der eigenen Bedürfnisse erfüllen und andere dazu bringen können, dieser Vorstellung ebenfalls zu entsprechen. Wenn ihnen dies nicht gelingt, fühlen sie sich schwach und verwundbar. Und diese Empfindungen sind dermaßen schrecklich, daß Menschen sich dann um so stärker abmühen, das Schema ihrer persönlichen Wunschvorstellungen zu verwirklichen.

Diese gefürchteten Gefühle – die ureigentlich zum Menschlichen gehören – wurden mit Frauen und Kleinkindern in Verbindung gebracht. Sowohl wer diese Gefühle *zeigt* als auch wer auf sie *reagiert,* ist der Lächerlichkeit preisgegeben. Männliche Wesen dürfen sie sich nur in einer kurzen Periode, während der frühen Kindheit, gestatten; danach erwartet man von ihnen, daß sie praktisch bis an ihr Lebensende damit »fertig« sind. Unsere gängigen psychologischen Theorien spiegeln dies wider; ja sogar unser Grundmodell des menschlichen Geistes ist eines, in welchem emotionale Schwächen angeblich in den frühen Kindheitsjahren entscheidend behandelt werden müssen, weil sie in dieser Zeit nahezu unveränderbar fixiert werden.

Dieses Modell mag einiges mit den Versuchen einer männlich-orientierten Kultur zu tun haben, die Männer von einer derartigen Erfahrung zu befreien.

Das zweite wichtige Thema umfaßt das Verhältnis anderer Menschen zu diesen Ängsten. In unserem modernen Leben kommen die entscheidenden Bedrohungen nicht von der physikalischen Welt, sondern von anderen Menschen; es sind die Menschen, die uns das Gefühl der Verwundbarkeit vermitteln, von der frühesten Kindheit an bis zu unserem Lebensende. Wenn wir uns bereitwillig an andere Menschen wenden könnten, um mit diesen Gefühlen zu Rande zu kommen, und wir dies immer wieder vertrauensvoll und unbefangen tun könnten, dann stünden unsere Chancen sehr viel besser, mit unserem Leben in sinnvoller und befriedigender Weise fertigzuwerden.

Emotionen

Die Emotionalität ist als ein wesentlicher Bestandteil jedes Lebenszustandes universeller als Gefühle der Verwundbarkeit und Schwäche. In unserer herrschenden Tradition wurde sie jedoch nicht als Hilfe zu Verstehen und Handeln angesehen, sondern eher als eine Behinderung, ja sogar als ein Übel. Unsere Versuche, Emotionalität abzubauen oder doch wenigstens unter Kontrolle zu bringen oder zu neutralisieren, statt ihre nützlichen Kräfte zu schätzen, gern anzunehmen und zu kultivieren, haben eine lange Tradition. Es ist wohl wahr, daß die meisten Frauen ein besseres Gespür für die emotionalen Komponenten jeglicher menschlicher Aktivität haben als die meisten Männer. Dies ist, zum Teil, Ergebnis ihres »Trainings« als Untergeordnete; denn jeder, der in untergeordneter Situation lebt, muß lernen, sich den Wechselfällen der Stimmungen, des Wohlwollens und Mißfallens der dominanten Gruppe anzupassen. Manche Schriftsteller der Schwarzen haben diesen Punkt sehr klargemacht. Untergeordnete Gruppen können diese selbstentwickelten Fähigkeiten als eine der wenigen Waffen nutzen, die ihnen im Kampf gegen die Herrschenden zu Verfügung stehen; und Frauen haben dies oftmals getan. »Weibliche Intuition« und »weibliche List« sind Beispiele dafür. Aber wie immer solche Fähigkeiten erlangt werden, sie verraten eine äußerst wertvolle Grundqualität. Denn es ist wohl kaum zu leugnen, daß Emotionen essentielle Aspekte des menschlichen Lebens sind.

Männer werden von frühester Kindheit an angespornt, aktiv und rational zu sein; Frauen dagegen werden angelernt, sich mit Gefühlen zu befassen und mit den Empfindungen, die sich im Gefolge aller Aktivität einstellen. Daraus haben die Frauen die Lektion gelernt, daß Ereignisse nur dann wichtig und befriedigend sind, wenn sie in einem emotionalen Zusammenhang stattfinden. Frauen neigen viel mehr als Männer zu dem Glauben, daß Aktivität im Idealfall zu einer verstärkten emotionalen Beziehung zu anderen Menschen führen sollte. Aus solcher Fehlinformation ergaben sich freilich psychische und soziale Probleme. Man hat Frauen sogar dazu gebracht zu glauben, daß sie ihre Chancen eines befriedigenden emotionalen Erlebens gefährdeten, wenn sie kompetent denken und handeln würden. Derartige Denkmodelle führten zu entsetzlichen Verdrehungen, so daß endlich die Frauen zu glauben begannen, ihre stärksten Vorzüge seien in Wirklichkeit Nachteile.

Noch etwas anderes ist wichtig. Man hat den Frauen derartig eingeredet, sich auf die Reaktionen und Emotionen anderer zu konzentrieren, daß sie gänzlich von der Erforschung und Bekundung ihrer eigenen Gefühle abgelenkt wurden. Das ist zwar für die Situation der Frau in der Vergangenheit durchaus verständlich, aber auch heute noch wenden Frauen diese hochentwickelte Fähigkeit eben nicht vollständig zur Erforschung und Erkenntnis ihrer *eigenen* Lage an.

Viele Frauen versuchen eben dies zur Zeit auf einem neuen Weg. Wie weit sie gekommen sind, wollen wir uns in späteren Kapiteln ansehen. Um jedoch die Situation, in der sich noch immer die meisten Frauen befinden, besser zu verstehen, kehren wir am besten zu unserem Beispiel Ruth zurück. Sie und ihre Erfahrungen sind ein schlagendes Beispiel dafür, wie man Stärke so »verdrehen« kann, bis sie wie Schwäche aussieht. Da Ruth über eine wohlentwickelte Fähigkeit verfügt, auf Gefühle einzugehen, konnte sie die gesamte Situation ihres Mannes Charles besser erfassen als er. Doch die Möglichkeit, dieses Verständnis auch wirksam werden zu lassen und bei der Suche nach einer Lösung des Problems einzusetzen, wurde durch den Machtspruch ihres Ehemannes verhindert. Ruth zog sich auf sich selbst zurück, fühlte sich minderwertig, als Versager, und war sicher, daß sie die ganze Sache völlig falsch sah.

Teilnahme an der Entwicklung anderer

Es steht außer Frage, daß die dominierende Gesellschaft festgesetzt hat: Die Männer erfüllen die »wichtigen Aufgaben«, und die Frauen haben die »geringere Aufgabe« zu übernehmen, andere Menschen in ihrer Entwicklung zu unterstützen. Von Anfang an bedeutet diese Zweiteilung, daß die wichtigsten unserer gesellschaftlichen Einrichtungen *nicht* darauf ausgerichtet sind, anderen in ihrer Entwicklung zu helfen. Aber jeder Mensch braucht in allen Stadien seiner Entwicklung, seines Lebens Hilfe; dennoch erweckt man den Eindruck, als gelte dies nur für Kinder. Damit werden Frauen und Kinder ins Abseits gestellt, was zahlreiche psychische Folgen für Kinder, Mädchen wie Jungen, hat. Der Mensch, der am engsten mit ihrer Entwicklung verbunden ist, wird als eine geringerwertige Person angesehen, die eine weniger wichtige Aufgabe erfüllt – obwohl die Mutter für das Kleinkind von überragender Bedeutung ist. Frauen mußten diese wesentliche Aufgabe zudem stets erfüllen ohne die Förderung, die eine Kultur einer für wertvoll gehaltenen Aufgabe angedeihen läßt. Sie haben es dennoch getan.

Trotz all der Handikaps haben Frauen viel mehr Sinn für die Freuden, die Berührung mit körperlichem, emotionalem und geistigem Wachsen mit sich bringt, als Männer. Wachsen ist eine der wichtigsten und aufregendsten Eigenschaften des Menschen, vielleicht sogar die wichtigste und aufregendste überhaupt. Leider werden Frauen in unserer Gesellschaft aber daran gehindert, diese Freuden wirklich auszuschöpfen und an sich selbst zu erleben, indem man ihnen einredet,

Entwicklungsprozesse in *anderen* zu fördern, sei die einzige Rolle, die ihnen anstünde – und zwar im Rahmen der Einsamkeit, der Plackerei und der Isoliertheit des Haushalts, in dem sie vor sich hin arbeiten.

Die aktive Anteilnahme am Reifen eines anderen ist eine der wesentlichen Befriedigungen innerhalb der Psychotherapie. Am Durchbruch eines Menschen zu neuen Denkweisen, neuen Gefühlsäußerungen und Handlungsweisen zu partizipieren, das ist unerhört befriedigend. Gute Psychotherapeuten wissen zwar, daß der Patient die Arbeit leistet, aber sie wissen ebenfalls, daß sie ihm die wesentlich erleichtern können. Aus dieser Anteilnahme kann ein Therapeut wirkliche Freude beziehen. Im Prinzip handelt es sich dabei um dieselbe grundlegende Tätigkeit, die Frauen Tag für Tag vollbringen.

Inzwischen haben Frauen erklärt, daß das Mithelfen bei der Entwicklung anderer ohne ein gleiches Recht und ohne die Möglichkeit, sich selber zu entwickeln, auch eine Art der Unterdrückung sei. Tatsächlich läuft in unserer Situation der Ungleichheit der wertvolle Teil der Anteilnahme der Frauen an der Entfaltung anderer ständig Gefahr, zur Verabreichung von bloßen Ego-Stützen oder zu Schmeichelei zu degenerieren, was Jessie Bernard die »Streichelfunktion« genannt hat.[2] Auch hier verzerrt und negiert Ungleichheit eine wertvolle Fähigkeit. Ruth liefert ein gutes Beispiel einer Frau, die bei der Weiterentwicklung helfen will, aber auf die Funktion des bloßen »Streichelns« zurückgedrängt wird. In späteren Kapiteln werden wir noch bedenklichere Formen kennenlernen, zu denen diese wertvolle Eigenschaft verzerrt werden kann.

Kooperation

Ein weiterer wesentlicher Aspekt der weiblichen Psychologie liegt in dem deutlicheren Wissen der Frauen, daß die menschliche Existenz von Natur aus wesentlich kooperativ angelegt ist. Trotz der Wettbewerbsmomente, wie sie jeder Gesellschaft innewohnen, muß es ein bestimmtes Quantum an Kooperationsbereitschaft geben, wenn die Gesellschaft überhaupt funktionieren soll. (Ich definiere ein Verhalten als kooperativ, das die Entwicklung anderer menschlicher Wesen unterstützt und fördert und zugleich die eigene Entwicklung vorantreibt.) Es ist leider nur allzu offensichtlich, daß wir bisher noch keine sehr hohe Stufe des kooperativen Lebens erreicht haben. Doch soweit wir es erreicht haben, haben die Frauen überwiegend die Verantwortung dafür getragen. Auch wenn sie das nicht an die große Glocke hängen, versuchen sie in ihren Familien doch ständig, eine Art kooperativen Systems zu entwickeln, das den Bedürfnissen eines jeden Familienmitglieds gerecht wird. Diese Aufgabe wird ihnen durch die ungleichen Prämissen, auf denen unsere Familien aufbauen, erheblich erschwert; doch es waren die Frauen, die immerhin den Versuch der Kooperation *unternommen* haben.

Nehmen wir das Beispiel von Mary, die sich solche Sorgen wegen ihres neuen, anspruchsvollen Jobs machte. Wenn sie diese Aufgabe übernehmen sollte, dann würde von seiten ihres Mannes Joe ein neues, größeres Maß an Kooperation nötig werden. Sollte er tatsächlich dazu in der Lage sein, müßte man ihn als einen äußerst ungewöhnlichen Mann bezeichnen. Aber *ihm* und den Kindern hatte Mary diese Art Stütze und Hilfe ganz selbstverständlich und seit Jahren gegeben.

Es mag den Anschein haben, als hätten wir Joe hier einfach aus dem Hut gezaubert. Daß er bisher in der Diskussion des Falles überhaupt nicht aufgetaucht war, ist bezeichnend genug. Dabei ist Joe eigentlich ein »netter Kerl«. Er und Mary lieben und respektieren einander. »Er hindert mich nicht daran zu arbeiten«, sagt Mary. »Er hilft mir, wenn ich in einer Klemme stecke, und ist oft sehr lieb und verständnisvoll.« Andererseits hat er nicht das Gefühl, als gehöre es zu seinen Hauptaufgaben, Methoden zu entwickeln, durch die jedes Familienmitglied sich optimal entfalten könne. Das ist Marys Ressort.

Die Tendenz der Frauen zu kooperativem Denken und Handeln, selbst unter dem Druck schwerer psychischer Belastungen, zeigte sich im Fall eines weiteren Ehepaares. Jim hatte ernste Probleme; er war drogensüchtig geworden, und er verfiel immer mehr. Auch Helen, seine Frau, hatte tiefgreifende Schwierigkeiten. Nachdem sie mehrere Jahre darauf verschwendet hatten, einander anzugreifen und herabzusetzen, fühlte Jim, daß er es nicht länger ertragen und mitansehen konnte, und verschwand. Teils ging er wohl weg, weil er sich zutiefst über sich selbst und sein ständiges Versagen in nahezu allen Lebensbereichen schämte. Er war zwar von Beruf Rechtsanwalt, doch glaubte er zu diesem Zeitpunkt, völlig am Ende zu sein. Helen ihrerseits, obschon ebenfalls von Schamgefühlen erfüllt und »kaputt«, gab nicht auf, sosehr sie sich das vielleicht auch gewünscht haben mochte. Obgleich sie sich bestimmt nicht in der Lage fühlte, irgendwem irgend etwas zu geben, blieb sie auf dem Posten und versorgte ihre drei Kinder. So beraubt und leer sie sich selbst fühlen mochte, sie gab den verzweifelten Versuch nicht auf, für die Kinder zu tun, was immer sie konnte. Während einer langen Anfangsphase fühlte sie, daß es allein ihr Wissen um die Bedürfnisse der Kinder war, das sie sich mühsam durch die Tage schleppen und sie die Nächte überleben ließ. Mit der Zeit aber baute sie sich ein viel größeres Energiepotential auf, aus dem sie schöpfen kann, und sie sagt heute: »Ich habe nie gewußt, daß ich der Mensch sein könnte, als der ich mich heute fühle.«

Wenn wir einmal den langen und langwierigen Kampf beiseite lassen, den Helen durchzustehen hatte, so kommen wir auf den wesentlichen Punkt, daß sie nämlich sich abmühte, etwas zum Funktionieren zu bringen, selbst als sie meinte, »es hätten eigentlich nur noch die Kinder einen wirklichen Grund zu leben«. Dennoch verspürte sie immer noch das Bedürfnis nach irgendeiner kooperativen Funktion und den *Wunsch,* etwas in dieser Richtung zu tun, obgleich sie selbst kaum zurechtkam. Eine vergleichbare Motivation bestand für Jim nicht in irgendeiner sinnvollen Weise. Ich habe ähnliche Beispiele bei vielen anderen Ehepaaren erlebt.

Männer gehen zwar gewöhnlich auch Formen gemeinschaftlicher Bemühung ein, doch die vorherrschenden Wertmaßstäbe der Strukturen, innerhalb derer die meisten Männer ihr Leben zubringen, machen es äußerst schwierig, gemeinsame Aktionen durchzuhalten. Überdies wird den Männern im Familienbereich schon sehr früh in ihrem Leben das Gefühl vermittelt, daß sie zu einer überlegenen Gruppe gehören: es werden Dinge für sie erledigt und ihnen abgenommen, und zwar von jenen geringerwertigen Leuten, die sich nur so danach drängen. Von diesem Moment an erscheint Männern Kooperationswilligkeit eventuell sogar als Minderung der eigenen Persönlichkeit. Kooperativ zu sein, zu teilen, heißt dann, daß man irgendwie etwas verliert, oder im Idealfall und altruistisch gesehen, daß man etwas weggibt. Dies alles verstärkt sich beträchtlich durch die Überzeugung der Männer, ihre Rolle sei es, unabhängig zu sein, es allein zu schaffen, stark und Sieger zu sein.

Frauen machen nicht die gleichen Erfahrungen, und deshalb ist Kooperationsbereitschaft für sie auch nicht mit der gleichen Bedeutung von Verlust behaftet. Und vor allem sind sie ja auch nicht von dem falschen Anspruch erfüllt, sie seien einer anderen Gruppe von Menschen überlegen.

Wenn ich behaupte, daß Frauen mehr Übung im Zusammenarbeiten haben und gegenwärtig befähigter sind, Situationen gut zu bestehen, die solche Eigenschaften erfordern, so meine ich damit nicht, daß Frauen sozusagen über größere angeborene »Vollkommenheit« verfügten, sondern nur, daß das Leben, wie es bisher war, sie eben in diese Position hineingebracht hat. Aber jetzt, da sich die Frauen um Verbesserung bemühen, sehen sie nicht nur eine größere Notwendigkeit, sondern empfinden auch ein stärkeres Verlangen, bewußt für noch umfassendere Kooperation zu kämpfen. Wir alle wissen aber auch, daß bei Frauen Rivalität ebenso eine Rolle spielt. Beide Tendenzen finden sich bei beiden Geschlechtern, wenn auch in unterschiedlichen Proportionen. In der Vergangenheit wetteiferten viele Frauen angestrengt um den »Besitz« von Männern miteinander, und zwar aus ganz naheliegenden Gründen. Heute versuchen viele, diese Art des Wettstreits mit anderen Frauen abzulegen, indem sie die Gewichtung noch mehr in Richtung auf ein Zusammenwirken verschieben.

Kreativität

Kreativität im Verbund mit Kooperationsbereitschaft führt uns zu einer übergreifenden These – und läßt uns noch einmal auf unsere Bemerkungen zur Psychoanalyse zurückkommen. Ich habe oben betont, daß die Psychoanalyse Bereiche absoluter menschlicher Notwendigkeit entdeckt hat; ich sagte ebenfalls, daß diese Lebensbereiche – wie etwa Sexualität und emotionale Bindungen – eben genau die Bereiche sind, die man allgemein den Frauen zuweist. Ich möchte nun behaupten, daß es noch ein drittes Gebiet von absoluter Notwendigkeit für den Menschen gibt, das die Psychoanalyse bislang weder »ausgegraben« noch eingehend beschrieben hat, nicht einmal so eingehend wie die Frage der Sexualität oder die wesentlichsten emotionalen Bindungen. Es ist auch nicht verwunderlich, daß die dominante Kultur diesem Sektor ausdrücklich die Anerkennung verweigert hat. Ich meine ein Potential an Kooperation und Kreativität: beides sind unbedingte Notwendigkeiten für den Menschen, ganz wesentliche Bestandteile seiner Existenz. Der Entzug dieser Notwendigkeiten, die Blockierung dieser Bedürfnisse würde ohne Frage ebenso viele, wenn nicht mehr Probleme hervorrufen als alles, was die Psychodynamik bisher gefunden hat. Um hier einen besonderen Akzent zu setzen, möchte ich diese Überlegungen als Skizzierung einer »dritten Etappe« der Psychoanalyse verstanden wissen.

Ich beziehe mich hier nicht auf eine Schöpferkraft im Sinne künstlerischer Produktion, wie sie wenigen genial Begabten gegeben ist, sondern auf eine intensive persönliche Kreativität, die wir alle unser Leben lang erbringen müssen. *Jeder Mensch* muß immer wieder zu neuen Vorstellungen vorstoßen, wenn sie oder er weiterleben soll. Diese sehr persönliche Form der Kreativität, dieses Schaffen neuer Ansichten und Einsichten, dieses unablässige Bemühen findet zwar nicht offen und wohlartikuliert statt, aber es findet statt. Heute ist dieser universelle Prozeß am deutlichsten bei den Frauen zu erkennen. Denn sie sind es, die darum kämpfen, eine neue Konzeption ihrer Persönlichkeit zu schaffen; sie sind es, die die zentralen Grundsätze ihres Lebens umzustrukturieren versuchen. Und diese Bemühung erstreckt sich bis in die tiefsten inneren Sphären.

Doch selbst in der Vergangenheit: es waren Frauen, die ihre psychischen Strukturen immer wieder erneuern mußten, um überhaupt in der dominanten Kultur zu überleben. Denn die für und durch Männer geformte Gesellschaft stellt psychosoziale Leitlinien und Wertvorstellungen auf, die sich auf Frauen nicht wirklich anwenden lassen. (Die bekannte Untersuchung von Broverman liefert Beweismaterial zu diesem Punkt.[3]) Frauen sind mit dem Wissen groß geworden, daß die für die individuelle Entwicklung am höchsten geschätzten Zielsetzungen nicht die *ihren* seien. Trotzdem kommen Frauen in ihrer Entwicklung weiter: sie haben sich eine »innere Person« aufgebaut, die sich von dem in unserer Gesellschaft am meisten geschätzten Persönlichkeitsbild unterscheidet.

Frauen waren schon immer gezwungen, sich eigene

Grundwerte zurechtzulegen, die sich von den gegebenen der herrschenden Kultur unterschieden. Die schöpferische Umwandlung der inneren Werte ist ihnen immerhin insoweit gelungen, daß der Glaube möglich wurde, die Fürsorge für andere Menschen und die aktive Teilnahme an deren Entwicklung steigere das Selbstwertgefühl. So verstanden, sind sogar Frauen, die in den alten stereotypen Vorstellungen leben, noch weit fortschrittlicher als die Wertbegriffe unserer Gesellschaft. Das bedeutet allerdings nicht, daß sie deshalb als fortschrittlich anerkannt und für ihr Wertsystem belohnt wurden. Das wurden sie ganz entschieden nicht; man oktroyiert ihnen vielmehr das Gefühl, daß sie recht wenig wert sind: »Ich bin ja bloß Hausfrau und Mutter.«

Manchen Frauen gelang es, sich andere Rollen zu suchen und zu schaffen und so ihr Selbstbewußtsein zu steigern. Aber wenn eine Frau dies tut, dann hat sie bereits ein gültiges Wertsystem verletzt: das, welches behauptet, sie sei nicht ebenbürtig; ja, ihr Verhalten läßt sogar durchblicken, daß mit ihr etwas nicht in Ordnung sein könne, weil sie sich Alternativen sucht. Dennoch, jede Frau, die über die ihr zugeschriebenen Aufgaben hinausgeht, hat sich irgendeine Vorstellung gebildet, von der sie sich leiten läßt und an die sie sich halten kann, so gut es eben geht. Wie diese Wunschbilder aussehen, die Frauen sich jeweils zurechtzimmern, ist oft schwer herauszufinden. In den meisten Fällen werden sie nicht vollständig beschrieben und deutlich in Worte gefaßt.

In unseren Tagen kämpfen Frauen darum, hier weiterzukommen und ein neues Persönlichkeitsbild zu schaffen, ein kühneres, vollständigeres und bewußteres. In den letzten Jahren ist deutlich geworden, daß sie neue Überlegungen dazu anstellen müssen, was es überhaupt heißt, eine Person, eine Persönlichkeit zu sein, wenn sie die Alltagsroutine ihres Lebens verändern wollen. Wenn sie sich den alten inneren und äußeren Vorschriften und Forderungen ernsthaft widersetzen wollen, *müssen* sie neue Lebensmodelle finden. Sie haben aber auch am meisten Grund, phantasievoll und wagemutig zu sein.

Mit ihrer Wandlung werden Frauen Herausforderung werden und Herausforderungen schaffen. Um nur eine davon zu nennen: Wenn Frauen immer kategorisch ablehnen, sich als Objekte gebrauchen zu lassen – entweder im weitesten kommerziellen Bereich oder in der intimsten Privatsphäre –, wen wird die Gesellschaft dann als Objekt verwenden? Wenn es niemanden mehr gibt, den man benutzen kann, welche revolutionären Persönlichkeitswandlungen wird dann die dominante Gruppe bei sich selbst vornehmen müssen? Könnte dies nicht dazu führen, daß ein Teil des kreativen Potentials in den Männern freigesetzt würde?

Dies sind ein paar der Schwierigkeiten, mit denen Frauen sich in der Vergangenheit herumzuschlagen hatten, und zwar meist allein, isoliert und eingeschüchtert. Heute haben sie begonnen, mit vielen anderen Frauen gemeinsam diese Probleme anzugehen. Kooperationswilligkeit und Kreativität, die, wie ich meine, in allen Menschen existieren und zusammen eine Grundvoraussetzung jeglichen menschlichen Lebens bilden, werden von ihnen heute viel bewußter gesehen und deutlicher formuliert.

In der Vergangenheit redete man den Frauen ein, sie hätten keinen besonderen Beitrag in der Gesellschaft zu leisten. Wenn sie versuchten, die ihnen eingeräumten beschränkten Bereiche zu verlassen, hatten sie das Gefühl, sie müßten dann aber irgendwie eiligst die Interessen und Belange der Männer aufgreifen oder doch wenigstens Anschluß an sie finden. Heute ist uns indessen klar, daß es weite Gebiete gibt, auf denen unsere männlich-bestimmte Gesellschaft versagt. Indem Frauen ihre Stärken erkennen und ihre ureigenen Belange selbst in die Hand nehmen, können sie nicht nur auf eine neue Synthese hinarbeiten, sondern zugleich auch die Kernfragen aller Menschen verdeutlichen und offenlegen.

Doch wie steht es bei alldem um die Männer? Da möchte ich gern auf ein paar der letzten Äußerungen von Sigmund Freud zu diesem Thema zurückgreifen, die wir heute in einem anderen Licht sehen können.[4] Freud sagte, die fundamentale Sache, gegen die die Männer ankämpften, sei die Identifikation mit dem Weiblichen, was, wie der Psychoanalytiker sofort hinzufügen müßte, zugleich das Sehnen nach einer solchen Identifikation miteinschließt. Ich möchte die Interpretation vorschlagen, daß Männer nicht so sehr gegen die Identifikation mit dem Weiblichen *an sich* kämpfen, jedenfalls nicht in einem konkreten Sinn, sondern daß sie eben kämpfen, um genau die Erfahrungsbereiche zurückzuerobern, die sie an die Frauen delegiert haben. Ich bin überzeugt, Männer hätten es sehr viel angenehmer und würden Gewinn daraus ziehen, wenn es ihnen gelänge, diese Teilbezirke ihres Selbst vollständig zu integrieren oder zu reintegrieren. Männer sehnen sich danach, ohne Scham empfinden zu müssen, die wechselvolle und konfliktreiche Erfahrung wieder zurückzuerobern, die die in dieser unvollkommenen Gesellschaft unvermeidlichen Probleme des Heranwachsens und Lebens in seinem totalen Sein widerspiegelt. Und sie wollen jene Seiten ihrer Persönlichkeit zurückbekommen, die bei ihnen, bei Männern gefürchtet und erschreckend waren, ja, die noch fürchterlicher gemacht wurden dadurch, daß man sie mit dem Etikett »weiblich« versah.

Indem sich die Frauen weigern, die Bürde verschiedener ungelöster Probleme der männlich-bestimmten Gesellschaft zu tragen, und zu Verfechterinnen einiger der wertvollsten Aspekte des Menschlichen werden, können wir, glaube ich, ein allgemeines Klima schaffen, in welchem auch Männer sich schließlich auf ihre Weise mit ihren eigenen Problemen auseinandersetzen werden. Dann werden sie mit ihren körperlichen, ihren sexuellen, ihren kindheitlichen Erfahrungen konfrontiert sein, ihren Gefühlen von Schwäche, Verletzlichkeit, Hilflosigkeit und anderen, ähnlich verdrängten Empfindungen. Und sie können ihre emotionale Erfahrungsbreite erweitern und ihr wirkliches Potential an Kooperationswilligkeit und Kreativität entdecken. Weil diese Persönlichkeitsbereiche dann nicht mehr von Frauen »besetzt« sind und von der männlich-orientierten Gesellschaft abgewertet werden, werden die Männer endlich selbst erkennen, wie wenig adäquat ihre sozialen Formen den eigentlichen Bedürfnissen sind. Die Männer werden dann für sich selbst neue und bessere Wege finden müssen.

Es mag hier angebracht sein, das bisher Gesagte noch einmal kurz zusammenzufassen. Ich bin überzeugt, daß Frauen die ihnen eigenen psychischen Qualitäten auf neue Weise schätzenlernen können, wenn sie die Ursprünge und die Wirksamkeit dieser Eigenschaften erkennen. Dieses ganze Buch zielt darauf ab, die doppelseitigen Stärken der Frauen darzustellen. Wir werden all dies hoffentlich einmal innerhalb einer umfassenden Theorie der Entwicklung der Frau vorlegen können. Doch schon jetzt läßt sich sagen, daß die psychologischen Stärken der Frauen von der dominanten Gruppe nicht als Stärken anerkannt werden.

Ich plädiere keineswegs dafür, daß Frauen sich wieder auf irgendeine »Ammenrolle« zurückentwickeln sollen, ganz im Gegenteil! Frauen haben heute die Chance, ihren Blickwinkel wie ihren Aktionsradius bedeutend zu erweitern, indem sie auf einem schon jetzt sehr tragfähigen Fundament aufbauen.

Es könnte der Eindruck entstehen, als wollte ich behaupten, Frauen seien bessere Menschen, weil sie mehr durchzustehen haben, oder sie seien tugendhafter. Das Thema lasse ich ganz beiseite. Was ich *allerdings* sehe, ist, daß unsere herrschende Gesellschaft eine sehr unvollkommene ist. Sie ist eine ziemlich primitive Organisation, die auf einem äußerst eingeschränkten Konzept der humanen Möglichkeiten beruht. Sie verteidigt enggefaßte – und letztlich verheerende

– Zielsetzungen zugunsten der dominierenden Gruppe und ist bemüht, weite Bereiche des Lebens auszuklammern. Die Unrichtigkeit und das wirkliche Ausmaß dieses beschränkten Konzepts wurden verschleiert. Bezeichnenderweise waren es Frauen, die nun einen wesentlichen Teil dieser Auswirkungen ans Licht gebracht haben – eben weil Frauen diesen Auswirkungen am meisten ausgesetzt sind.

Einige dieser von der dominanten Gruppe geleugneten Lebensbereiche werden an untergeordnete Gruppen, nicht nur an Frauen, verwiesen und auf sie projiziert. Das geschieht nach dem altbekannten »Sündenbock«-Prinzip. Dagegen sind andere Bereiche menschlicher Erfahrung so lebensnotwendig, daß man sie nicht so weit von sich »wegprojizieren« kann. Man braucht sie *nahe* bei sich, selbst wenn man weiterhin leugnet, daß sie einem *eigentümlich* sind. Eben diese Bereiche schreibt man den Frauen zu. Da sie hierin sehr erfahren sind, erkennen und erspüren Frauen die auf diesen Gebieten auftauchenden Probleme sehr deutlich, werden aber weiter »geduckt«, wenn sie das »Nichtzuerwähnende« zur Sprache bringen und damit bestimmte Schlüsselprobleme auf den Tisch legen. Dieses gesellschaftliche »Verbot« hat Frauen auch daran gehindert, zu erkennen, daß sie andere Wünsche und Lebensvorstellungen haben als die von der herrschenden Kultur anerkannten und entsprechend belohnten. In dieser Hinsicht kann man wirklich behaupten, die Frauen seien der derzeitigen psychologischen Theorie und Praxis *voraus* – und jener Kultur, aus der heraus sich das gegenwärtige Denken entwickelt hat.

5. Kapitel

Gutes tun und sich schlecht dabei fühlen

Dieses Buch versucht einen Schritt weiterzukommen in Richtung eines gründlicheren Verständnisses der weiblichen Psychologie, wie sie sich aus der Lebenserfahrung der Frauen ergibt und nicht, wie sie von jenen gesehen wurde, die diese Erfahrung nicht besitzen. So haben wir bereits im vorigen Kapitel eine dritte mögliche Stufe der Psychoanalyse oder des psychodynamischen Verstehens entworfen – eine Stufe, auf der Kooperation und Kreativität ihren vollen und rechtmäßigen Platz einnehmen. Wir haben behauptet, diese dritte Stufe könne durch die Bemühungen der Frauen, auf die eigene Situation einzuwirken, sichtbar werden – wobei wir die Annahme zugrunde legten, daß die beiden vorherigen Stadien ebenfalls mit der Situation der Frau eng verknüpft waren, jedoch nicht als solches erkannt wurden.

Es ist nötig, einen Schritt zurück zu tun und ein paar Ergänzungen anzubringen. – Erstens wollen wir noch kurz auf einige andere wertvolle Eigenschaften hinweisen, die Frauen entwickeln. Wenn diese Eigenschaften in gewisser Weise auch in allen Stadien der Psychoanalyse eine wichtige Rolle spielen, so sind sie doch besonders im Hinblick auf die dritte Stufe wichtig, also auf einen Fortschritt im psychologischen Denken.

Zweitens ist es wichtig, den komplizierten Prozeß zu beschreiben, durch den diese Stärken scheinbar die Gestalt von Schwächen annahmen, und wie sich dies auf Frauen auswirkte und noch auswirkt. Im letzten Teil dieses Kapitels wollen wir, zumindest kurz, weibliches Versagen und das »Weiblich-Böse« behandeln.

Geben

In psychotherapeutischer Behandlung sprechen Frauen oft sehr viel länger und ausführlicher über das Geben, als Männer dies tun. Frauen fühlen sich ständig Fragen des Gebens konfrontiert. Gebe ich genug? Kann ich genug geben? Warum gebe ich nicht genug? Oft entwickeln sie tiefe Besorgnis, was dies wohl über ihren Charakter aussagen müsse. Sie sind bestürzt, wenn sie das Gefühl haben, nicht Gebende zu sein. Fragen sie sich, was geschehen würde, wenn sie aufhörten zu geben, ja überhaupt daran dächten, nicht zu geben? Diese Vorstellung ist beängstigend, und die Folgen sind zu schrecklich, als daß man sie auch nur in Erwägung ziehen möchte. Außerhalb der medizinischen Sphäre wagen die meisten Frauen eine derartige Möglichkeit nicht einmal auszusprechen.

Im Gegensatz dazu taucht die Frage, ob er ein Gebender sei oder genug gebe, in der Selbstbeschreibung des Mannes nicht auf. Nur wenige Männer glauben, daß Geben in ihrem Ringen um Identität eine vordringliche Rolle spiele. Sie sind mehr mit dem »Tun« beschäftigt. Bin ich ein »Tatmensch«? Werde ich dem speziellen Image eines solchen gerecht? Zwar mag seine Berufstätigkeit dazu führen, daß er der Familie finanziell etwas gibt, aber diese Art des Gebens hat eine andere Bedeutung. Sie ist nicht integraler Bestandteil des Selbstbildes, nach dem ein Mann strebt. Tatsächlich stellt bei ihm die Einschätzung, er gebe zuviel, eher so etwas wie eine Minderung dar, als sei er ein bißchen zu weich, irgendwie ein Schwächling.

Wie auf den Gebieten der Schwäche und Verletzlichkeit glaube ich auch hier, daß sich viele Männer deutlich danach sehnen, geben, sich geben zu können. Außerdem kenne ich eine Reihe junger Männer in der Adoleszenz, die danach verlangen, anderen zu geben, doch keine Möglichkeit sehen, die zugleich ihr Identitätsgefühl stärken würde. Für Männer stellt Geben eindeutig einen Luxus dar, der nur gestattet ist, *nachdem* sie die primären Anforderungen des Mannseins erfüllt haben.

Diese ungleiche Verteilung der menschlichen Möglichkeiten des Gebens führt zu zahlreichen Komplikationen. Ein wichtiges Beispiel zeigt sich im sexuellen Bereich. Obwohl es vielleicht in diesen Tagen der sogenannten sexuellen Revolution nicht mehr eingestanden wird, haben doch viele junge Frauen noch immer das unbestimmte Gefühl, als schenkten sie dem Mann etwas, wenn sie sexuelle Beziehungen mit ihm haben. Eine junge Frau, mit der ich sprach, Nancy – und ihr Sexualleben schien durchaus freizügig –, hatte solche Gefühle. Im Gegensatz zu ihr glaubten ihre männlichen Partner entweder, es sei ihnen gelungen, etwas »zu tun«, oder sie hätten ihr etwas »genommen«.

Für junge Frauen wie Nancy hat diese lange bestehende Interpretation von Sexualität als einem Akt des Gebens verschiedene schwierige Seiten. Nancys Konzentration auf dieses Unbehagen war einer von mehreren Faktoren, die ihr das vollkommene Erkennen und unbefangene Befriedigen ihrer sexuellen Wünsche verbauten. Wie wir wissen, hat diese Einstellung eine lange historische Tradition, und die Probleme, die sie ausgebrütet hat, sind heute bei uns noch immer sehr zahlreich. Noch immer können die meisten Frauen keine sexuellen Beziehungen haben ohne das Gefühl, daß sie »vor allem« der anderen Person etwas geben. Und trifft dies denn nicht zu? Tatsächlich gibt in sexuellen Beziehungen *jeder* Partner etwas, in einem sehr fundamentalen Sinn. Es könnte gar nicht anders sein. Dies ist eine ganz offenkundige Wahrheit, die männliches Denken über Sex aber seit jeher zu verschleiern sucht.

Es ist interessant festzustellen, daß die neuen Therapiemethoden für sexuelle Dysfunktionen die Patienten gleichzeitig darauf richten, Verantwortung für das eigene sexuelle Vergnügen zu geben *und* zu nehmen. Das bedeutet, jeder der beiden Partner muß nicht nur die eigene Rolle als Spender bzw. Spenderin von Lust akzeptieren, sondern ebenso die Rolle als Empfänger bzw. Empfängerin von Lust. Manche Wissenschaftler führen Störungen im Sexualverhalten auf eine mißverstandene Betonung von »Leistung« anstelle von Lust beim Sex zurück. Diese »Leistungsorientiertheit« hindert Männer oft daran, sich der Lust hinzugeben und zu begreifen, daß auch das Geben von Lust ein wesentlicher Bestandteil sexueller Befriedigung ist. Unglücklicherweise haben in letzter Zeit auch viele Frauen das männliche Fehlurteil übernommen, daß Sex gleich »Leistung« sei.

Es gibt noch viele andere Bereiche, in denen die Übertragung der gebenden Funktion auf die Frau zu Problemen führt. Als Ehefrauen, Mütter, Töchter, Geliebte, oder ganz wesentlich, als Arbeiterinnen denken Frauen oft, daß die anderen zuviel von ihnen fordern; und sie nehmen es übel. Allerdings erlauben sie sich häufig nicht einmal einzugestehen, *daß* sie diese übermäßige Pression übelnehmen. Man hat ihnen die Überzeugung beigebracht, sie sollten zu jeder Zeit jeder dieser Forderungen entsprechen *wollen.* Infolgedessen bringen sie es nicht fertig, diesen Forderungen offen Einhalt zu gebieten oder auch nur das geringste zu ihrer Einschränkung zu tun. Doch das Zurückweichen vor solchen Schritten und Bedenken, sich der Kontrolle des eigenen Lebens selbst in ganz gewöhnlichen Dingen zu widersetzen, können zahlreiche psychische Störungen und sogar körperliche Symptome zur Folge haben. Solche Symptome sind oft eine indirekte Art zu sagen (neben anderem): »Ich kann nicht mehr geben, aber ich habe wohl nicht die Erlaubnis, damit aufzuhören.«

Eine Frau, Florence, bekam immer wieder Bauch- und Unterleibsschmerzen, für die sich keine physische Ursache finden ließ. Nach sorgfältiger Beobachtung über einen längeren Zeitraum fand sie heraus, daß diese Anfälle immer dann auftraten, wenn ihre Kinder übertriebene Forderungen an sie stellten. An den Mann von Florence wandten sich die Kinder mit ihren Wünschen normalerweise übrigens nicht. Wenn sie aber doch gelegentlich eine Forderung an ihn richteten, bemerkte er sie entweder nicht oder sagte eben einfach »Nein«, wenn ihm danach zumute war. Die Situation von Florence war nicht ganz einfach. Vor ihr stand das Bild ihrer Mutter, die als unablässig Gebende erschien. »Meine Mutter hat niemals ›nein‹ gesagt.« Diese Kindheitseindrücke waren ausschlaggebend für Florences Vorstellung davon, was es heißt, eine Frau zu sein.

Frauen müssen lernen, ebenso freimütig zu nehmen und anzunehmen, wie sie geben. Sie sind heute in der einmaligen Lage, Geben und Nehmen auf eine neue, mehr auf Gegenseitigkeit angelegte Weise verbinden zu können. Unsere Kultur hat Männer bisher daran gehindert, Geben als einen wesentlichen Faktor in ihr Selbstverständnis zu integrieren. Allerdings müssen sich Frauen bei der Suche nach einer solchen Integration auf eine massive Opposition gefaßt machen. (Man wird sie sogar selbstsüchtig nennen!)

In den traditionellen Beziehungen geben Männer gewöhnlich nur *geringeren* Wesen etwas, nämlich Frauen und Kindern, und auch das sozusagen nur auf Umwegen. Ein Mann kann selten direkt einem »Gleichen« geben – also anderen Männern. Wenn er es tut, riskiert er, als weniger wichtige Person eingestuft zu werden, denn um wichtig – oder auch nur sicher – zu sein, muß er nach Macht über die ihm »Gleichen« streben. Auf diese Weise wurde beiden Geschlechtern die Erfahrung des Gebens unter Gleichen vorenthalten, und somit auch die Erkenntnis, daß solche wechselseitigen Formen des Gebens der Weiterentwicklung aller dienen können.

Aktivität – Passivität

Es gibt die alte Formel, Männer seien aktiv und Frauen passiv. Hinzu kommt der Spruch der modernen Psychologie, daß Frauen, um die Maskulinität der Männer nicht zu untergraben, passiv sein *sollten.* All dies hat eine Menge Verwirrung und Leid gestiftet.

Helen und ihr drogensüchtiger Rechtsanwalt, die wir im vorigen Kapitel erwähnten, liefern ein Beispiel, wie die Aktivität von Frauen übersehen werden kann, sogar von den Frauen selbst. Helen hielt sich für nicht besonders intelligent; sie glaubte, es gäbe nichts, was sie wirklich gut könne, obwohl sie mit Erfolg einen mittelständischen Haushalt geführt und in früheren Jahren – der Karriere ihres Mannes zuliebe – auch große Einladungen gegeben hatte. Außerdem versorgte sie die Kinder und kümmerte sich um zusätzliche Bildungs- und Entwicklungsmöglichkeiten für sie, die der soziale Aufsteiger von Ehemann für seine Kinder wünschte (Musik- und Tanzstunden, Sport, Nachhilfeunterricht usw.). Überdies fungierte sie als Empfangsdame und Sekretärin ihres Mannes. Als Jim dann dem Rauschgift zu verfallen begann und seine Pflichten nicht mehr erfüllen konnte, erledigte sie einen Großteil seiner juristischen Arbeiten für ihn. Monatelang entwirrte sie das Durcheinander, das seine verpaßten Termine und anderen Versehen verursacht hatten, und behandelte die Angelegenheiten zahlreicher Klienten und erhielt so die Fassade für ihn aufrecht. Trotzdem behauptete Helen immer wieder, sie könne wirklich nichts. In einem gewissen Sinn meinte sie damit natürlich, »nichts, was sich rasch wirtschaftlich ausnutzen läßt«; doch davon abgesehen, war sie noch immer der festen Überzeugung, sie persönlich könne »wirklich überhaupt nichts«.

Für die Begriffe der Gesellschaft hatte Helen damit nicht einmal völlig unrecht, denn generell erkennt die Männergesellschaft als Aktivität nur das an, was Männer tun. Und wenn Frauen es irgendwie schaffen, dies ebenfalls zu tun, stoßen sie auf starke, ja heftige Opposition. So habe ich beispielsweise das helle Entsetzen männlicher Chirurgen beim Anblick einer Chirurgin mitansehen können. Derartige Reaktionen waren für Frauen meist Grund genug, den Männern nicht mehr offen zu zeigen, daß sie auch können, was Männer tun.

Die meiste sogenannte Frauenarbeit wird nicht als wirkliche Aktivität anerkannt. Ein Grund dafür mag darin liegen, daß solche Arbeit gewöhnlich mit der Förderung anderer Menschen verbunden ist und nicht primär dem eigenen Nutzen dient. Es gilt als »überhaupt nichts tun«. Hier sehen wir wieder, wie Vorurteile unsere Begriffe prägen und wie sehr sie unsere Fähigkeit einschränken, sprachliche Bezeichnungen zu finden, die die Wahrheit aufhellen. So könnte man etwa Ruth, die ihrem Mann bei seinen Ängsten im Zusammenhang mit seinem Job zu helfen versuchte, glatt als eine Frau bezeichnen, die »nichts tut«.

Ohne Frage leisten Frauen die ganze Zeit über aktiv etwas. Doch ist ebenfalls richtig, daß ihre Tätigkeiten zum größten Teil nicht in der direkten, offenen Verfolgung eigener Ziele bestehen – also handelt es sich nicht um Aktivität im Sinne der männlichen Definition. Ferner fällt es Frauen schwer, wenn sie denn eigene Interessen verfolgen, daraus Selbstwertgefühl zu beziehen. Das Wertgefühl der Frauen »darf« sich nicht aus eigenen Interessen herleiten. Im Gegenteil, jede Aktivität, die ein persönliches Ziel hat, kann leicht wieder Konflikt bringen und dazu beitragen, das Selbst-Image der Frau zu *vermindern.* (Solche Initiativen sind nicht das, was man von einer Frau zur Begründung ihres Wertes erwartet!) Dieses ist in der Tat eine der Hauptmethoden, mit denen Frauen ausgeschlossen wurden: eine Frau darf ihre eigene Kraft nicht dazu nutzen, ein Image von sich zu schaffen, das ihrer Lebenswirklichkeit entspricht.

Andererseits haben sich Frauen traditionsgemäß ein Selbstwertgefühl aus Tätigkeiten hergeleitet, die sie mit Fürsorge und Aufopferung in Verbindung bringen konnten. (Wenn sie sich selbst überzeugen können, daß sich ihre Arbeit in dieser Weise definieren läßt, dann bringen sie Gewaltiges zuwege. Die Situation ist komplex, denn sogar aus dieser traditionellen Einstellung ergibt sich noch eine wertvolle Tendenz: Frauen sind eher geneigt zu glauben als Männer, daß eine Tätigkeit befriedigender ist, wenn sie in engem Kontakt und im Austausch mit anderen Menschen stattfindet – und mehr noch, wenn sie andere fördert. Frauen *wissen* um diese Erfahrung in einer Weise, wie es Männern gar nicht möglich ist.

Viele der Tätigkeiten, die Frauen am besten verrichten, werden fälschlicherweise beschrieben, als wären sie bloß passive. Tatsächlich wird der Begriff »Passivität« laufend auf alle möglichen Verhaltensweisen und Erfahrungen angewendet, die in Wirklichkeit etwas ganz anderes als passiv sind.

Einander zuhören, etwas aufnehmen, etwas annehmen von einander: solches Tun gilt oft als passiv, obwohl jeweils Antworten verlangt werden, denn man empfängt niemals nur passiv, man reagiert auch. Die Reaktion kann die verschiedensten Formen haben. Es stimmt, Männer sind in ihrer Aufnahmebereitschaft meist weniger geduldig und wollen schneller zu ihren eigenen Reaktionen kommen. Oftmals verraten sie dabei aber nur zu deutlich, daß sie nicht allzuviel aufgenommen oder mitbekommen haben von dem, was der andere ihnen mitteilen wollte. Frauen dagegen »hören« oft sehr viel mehr heraus, als tatsächlich gesagt wurde, und verarbeiten die Information in viel komplizierterer Weise. Anders als bei den Männern schließt ihre Verarbeitung des Gehörten zum Beispiel auch die Erkenntnis ein, man solle besser nicht direkt und geradeheraus auf das reagieren, was gesagt oder getan wurde. Dieses Vermeiden von spontanem, direktem Ausdruck wurde wiederum oft als Beweis für angestammte Passivität mißverstanden.

Wandel und Veränderung

Das Wesen allen Lebens ist Wachstum, und das bedeutet Wandel. Das entscheidende Merkmal, das überdies menschliches Wachstum kennzeichnet, ist psychischer Wandel. Am besten auf psychische Veränderung eingestimmt sind natürlich die Menschen, die mit ihr in engster Berührung stehen, die buchstäblich gezwungen sind, sich zu verändern, wenn sie weiterhin den sich verändernden Bedürfnissen ihrer Schützlinge entsprechen wollen. Damit ein Baby und dann ein Kind heranwächst, muß jemand dasein, der auf es eingeht. Und dem Wachsen des Kindes entsprechend müssen die eigenen Reaktionen sich ändern. Was heute ausreicht, genügt morgen schon nicht mehr. Das Kind hat eine andere Lebensstufe erreicht, darum muß auch der einen neuen Ort beziehen, der für es sorgt – und immer so weiter.

Auf diese Weise erleben Frauen Veränderungen ganz unmittelbar und von einem Tag zum anderen. Angesichts dessen ist es erstaunlich, daß sie als Bewahrerinnen der Tradition hingestellt werden, als das Geschlecht, das der Vergangenheit verhaftet ist, wohingegen die Männer vorwärts in den »Fortschritt« marschieren. Hier haben wir möglicherweise eine der größten Wirklichkeitsverdrehungen, auf die wir hereingefallen sind, denn wenn irgend etwas der wirklichen Veränderung *nahe* ist, dann sind es die Frauen.

Das menschliche Leben ist nicht nur ein biologisches, sondern auch psychisches und intellektuelles. Der Geist ist ständig in Entwicklung begriffen. Er kann nicht stillstehen und sich auch nicht auf eine frühere Organisationsstufe zurückziehen. Obgleich wir dies alle wissen, haben wir dem noch nicht wirklich Rechnung getragen.

Aber was ist es dann, das sich nicht ändert oder sich Veränderung widersetzt? Es steht eindeutig fest, daß Gesellschaften immer die Tendenz innewohnt, sich selbst zu bewahren, und daß jene, die Prestige- und Machtpositionen einnehmen, immer die Tendenz haben, an Stabilität zu glauben und sie aufrechtzuerhalten. Das ist eine Binsenweisheit. Niemals wurde in einer Gesellschaft die führende Position freiwillig aufgegeben. Selbst die redlichsten, wohlmeinenden Führer können gewöhnlich nicht begreifen, daß dies irgendwann das richtige wäre.

In unserer Gesellschaft, wie in den meisten anderen Gesellschaftsordnungen auch, werden Männer von frühester Kindheit an dazu angehalten, sich die höchsten Wertvorstellungen ihrer Gesellschaft zu eigen zu machen und in sich verkörpert zu sehen. Sie werden durch diese Vorschriften und Vorstellungen viel gründlicher und tiefer geformt als Frauen und befinden sich infolgedessen weit mehr im Einklang mit dem Status quo.

Wandel erfordert Lernprozesse. Doch sind die spezifischen Lernprozesse, wie sie Frauen durchlaufen, unterschwellig und bleiben unbeachtet, weil die herrschende Kultur als Lernen nur gelten läßt, was in Übereinstimmung mit ihren eigenen Interessen und Begriffen steht. So sind zum Beispiel in unserer Kultur die wirklich geachteten Erklärungen die wissenschaftlichen, doch die Gebiete der Forschung liegen recht weit entfernt vom wirklichen Leben des Wachsens und Wandels. Zu dieser Unterscheidung hat Anita Mishler, eine sehr gescheite Lehrerin, die folgende Überlegung angestellt.[1] Die meisten Lernprozesse, wie sie von unseren Wissenschaftlern untersucht – und dementsprechend auch verstanden – werden, zeigen nur die allgemeine Art des Lernens. Man lernt, wie man etwas macht oder wie etwas funktioniert, und geht dann hin und wendet es *genau* in der erlernten Weise an, oder man verallgemeinert auf andere Situationen. Das Aufziehen von Kindern ist aber ein Beispiel für einen vollkommen anderen Lernprozeß. Was gestern gelernt wurde, ist heute nicht mehr gut genug und stimmt nicht mehr. Man darf nicht darauf hoffen, es genauso, oder auch nur analog, wiederverwenden zu können, weil sich die Situation bereits geändert hat. Frauen stecken also tagtäglich in ganz anderen Lernvorgängen drin. (Diese komplexe Art des Lernens findet sich auch bei Frauen, die keine

Kinder haben. Die Mädchen entwickeln sie in der Kindheit und behalten sie im weiteren Leben bei.)

Wenn man sich dieses Unterschieds bewußt wird, eröffnen sich neue Perspektiven für die Untersuchung von Lernprozessen. Eine solche Untersuchung müßte beispielsweise fragen, was im Leben von Frauen anders vor sich geht als im Leben von Männern. Sie hätte die Tatsache aufzuzeigen, daß Werden und Veränderung wesentlich zum Leben der Frauen gehören und dies für Männer nicht in derselben Weise gilt. Aber ihr wichtigstes Ergebnis könnte ein neues Lernkonzept sein, ein stärker auf Veränderung als auf Stabilität ausgerichtetes. Ein solches Konzept wäre für die Gesellschaft lebenswichtig, ist aber bisher noch nicht entwickelt worden.

Manche Gesellschaften, und unsere besonders, versuchen, das Bedürfnis nach Veränderung durch Zerstreuung und einen raschen Wechsel der Moden abzulenken. Solche spektakulären Abwechslungen lassen jedoch allenfalls die Illusion von Veränderung aufkommen, tatsächlich erreichen sie aber das genaue Gegenteil. Sie erfüllen nicht das Bedürfnis des Geistes nach Entfaltung und Bereicherung. Vielmehr verwirren sie uns oft derart, daß wir die schreckliche Frustration des echten Bedürfnisses übersehen. Sie vereiteln es, statt es zu erfüllen.

Wenn sich aber heutzutage die Frauen der Frage ihrer eigenen Entwicklung und Verwirklichung zuwenden, konfrontieren sie die Gesellschaft mit einer *echten* Veränderung – einer Veränderung, die die Existenz und das Selbstverständnis jedes einzelnen betrifft. Frauen stehen heute vor der Aufgabe, ihre reiche, unbeachtete Erfahrung mit Wandel auf breiterer Basis einzusetzen. Es sind die Frauen, die heute das Bedürfnis und die Motivation zu großen Veränderungen in ihrer Lebensweise haben. Indem sie die für die Erfüllung ihrer eigenen Bedürfnisse notwendigen Veränderungen in die Wege leiten, geben sie den Anstoß für eine gründliche Überprüfung der gesamten Gesellschaft.

Das »Weiblich-Böse« und das weibliche Gefühl der Mangelhaftigkeit

Bisher haben wir kaum mehr getan, als ein paar der weiblichen Eigenschaften, die man als Stärken betrachten sollte, aufgezählt. Bevor wir sie in einen etwas geordneteren Rahmen einzufügen versuchen, sollten wir erst nach den Gründen suchen, warum diese anscheinend so offenkundigen Qualitäten so verdreht und verdeckt werden können. Kurz, wir müssen fragen: Wenn das alles so gut ist, warum fühlen sich Frauen dann so schlecht?

Wie wir angedeutet haben, konfrontieren Frauen Männer ständig mit deren eigenen ungelösten Problemen oder fordern sie auf die bei Männern brachliegenden Möglichkeiten heraus. Wenn Frauen zudem die Grenzen der ihnen zugeteilten Bezirke überschreiten, müssen sie Männer zwangsläufig konfrontieren und herausfordern. Aber sogar in ihren traditionellen Rollen sind Frauen für Männer eine Herausforderung *einfach durch ihre bloße Existenz*, weil man sie sozusagen zur *Verkörperung der ungelösten Probleme der herrschenden Kultur* gemacht hat. Mehr noch, auch wenn Frauen sich ganz bieder einzig auf den Erfahrungsbereich ihrer angestammten Aufgaben beschränken, werden sie den Männern noch Unbehagen bereiten.

Diese Konfrontation könnte auch heute noch eine für beide Geschlechter nützliche und förderliche Begegnung sein, aber so, wie die Situation bisher beschaffen war, ist kaum damit zu rechnen. Da Frauen in ihrem Leben den Männern zu gefallen hatten, wurden sie darauf konditioniert, ihnen selbst noch das Gefühl des Unbehagens zu ersparen. Außerdem neigen Frauen dazu, die Schuld bei sich zu suchen, wenn sie Männer unzufrieden oder zornig sehen. Sie vermuten stets, eine Veranlassung dazu gegeben zu haben.

Unbehagen und Mißvergnügen erzeugen ist die Sache von

jemandem (sie oder er), der überzeugt ist, stichhaltige Gründe dafür oder ein Recht dazu zu haben. Oder noch allgemeiner: Wenn man eine bestimmte eigene Anschauung und ein bestimmtes eigenes Verständnis der Dinge hat, was nicht heißen muß, daß man sich darum immer absolut sicher ist, so ist man psychologisch doch zumindest auf das Risiko vorbereitet, Verdruß zu erregen. Wenn wir dagegen nur in Begriffen denken können, die uns von der herrschenden Kultur vorgesetzt werden, und wenn diese Kultur zudem unsere Erfahrungen nicht nur nicht achtet, sondern ausgesprochen leugnet und abwertet, dann bleibt uns keine Möglichkeit, uns von unserem Leben eigene Vorstellungen zu machen. Unter solchen Umständen bleibt eine Frau oft allein mit einem umfassenden dumpfen Gefühl, sie müsse im Unrecht sein. Ruth zum Beispiel, deren Mann eine neue Stellung antreten wollte, war in dieser Lage.

Alle diese Mechanismen, und noch andere, verschleiern die tatsächliche Situation der Ungleichheit, die Frauen quält. Das »und andere« ergibt sich aus der Tatsache, daß kein Mensch wirklich eine solche Auslöschung und Leugnung der eigenen Erfahrungen erlebt, ohne gleichzeitig darauf zu reagieren. Man reagiert verletzt oder, schlimmer, fühlt sich irgendwie von Vernichtung seines ganzen Wesens bedroht. Man wird auch zornig, kann aber seinen Zorn nirgendwo abladen und kann ihn sich nicht erklären. Der Zorn kommt noch zu dem Gefühl, im Unrecht zu sein, hinzu. Nun fängt man an, einen ganzen Berg an zornigen, negativen Emotionen aufzuhäufen, und fühlt sich zuletzt nicht bloß im Unrecht, sondern (und das ist viel schrecklicher) *schlecht* und *böse*.

Die männliche Kultur hat eine erstaunlich reiche Mythologie um den Begriff vom »Weiblich-Bösen« angelegt: Eva, die Büchse der Pandora und ähnliches mehr. Alle diese Mythologien hängen augenscheinlich mit den ungelösten Problemen der *Männer* zusammen, mit dem, was *sie* zu entdecken fürchten, wenn sie die Büchse der Pandora öffnen. Die Frauen hatte man inzwischen so weit, daß sie bereitstanden, all das Böse freiwillig zu akzeptieren. Frauen, die ohnehin über keine wirkliche Macht verfügen, müssen sich nun auch noch gegen die Unterstellung, gefehlt und versagt zu haben, böse zu sein, zur Wehr setzen. Sie fühlen sich nicht bloß als Versager, sondern beginnen auch zu glauben, daß ihr Versagen in zusätzlichem Maße ihre Bosheit bestätige. (Besonders in unserer Gesellschaft neigen wir ja zu der Annahme, Erfolg bestätige das Gutsein.)

Zugleich sind es offensichtlich die Frauen selbst, die die größten Probleme unserer Gesellschaft in ihren direkten Auswirkungen am schärfsten zu spüren bekommen. Um nur ein Gebiet anzutippen: Unsere Kultur neigt dazu, Menschen zu Objekten zu machen, das heißt, Menschen so zu behandeln, als wären sie Dinge; Frauen werden fast ausschließlich so behandelt. Wenn man aber wie eine Sache behandelt wird, kann einen das im tiefsten Innern auf den Verdacht bringen, daß da doch etwas mit einem selbst falsch und schlecht sein *müsse*. Arbeiter am Fließband haben diese Entmenschlichung gefühlt, Studenten haben in den letzten zehn Jahren dagegen protestiert. Frauen empfinden sie nicht nur deshalb, weil sie in der herrschenden Gesellschaft vordringlich ist, sondern auch weil sie bis in ihre intimsten Beziehungen hineinreicht. Wenn man wie ein Objekt behandelt wird, heißt dies fast, daß man von seelischer Vernichtung bedroht ist. Es ist eine scheußliche Erfahrung. Vieles ist in letzter Zeit über die Rolle geschrieben worden, die das bei schweren psychischen Störungen spielen kann (unter anderem von R. D. Laing), doch meistens wird nicht genügend herausgearbeitet, daß dies schließlich der wesentlichste Faktor innerhalb der wichtigsten zwischenmenschlichen Beziehung ist – der zwischen Mann und Frau. Ich betone dies hier deshalb so stark, weil es für die Überzeugung einer Frau eine so wichtige Rolle spielen kann, daß bei ihr irgend etwas schrecklich schlecht oder böse sein müsse. Und das muß ja wohl stimmen, da doch die anderen, die wichtigen und wertvollen anderen, offenbar der Meinung sind, sie verdiene es, wie ein Gegenstand behandelt zu werden. Diese Herabsetzung zum Objekt trägt eine ganze Menge zu der Bereitschaft der Frauen bei, das Böse, das man ihnen zudiktiert, auch prompt zu akzeptieren.

Eines ist besonders schlimm: zum Sexualobjekt gemacht zu werden. Viele Frauen haben beschrieben, welche ungeheure Erniedrigung sie in dieser Situation erlitten haben und daß sie sich obendrein auch noch irgendwie gezwungen sahen, sich schlecht und im Unrecht zu fühlen. Ich will hier nur den einen Aspekt erwähnen: wenn man nur als Objekt eingestuft wird, scheinen sämtliche körperlichen und sexuellen Impulse der eigenen Person nicht eigenständig zu existieren. Als sollten sie nur durch und für andere erweckt werden – um von ihnen kontrolliert, bestimmt und benutzt zu werden. Jede Äußerung von Körperlichkeit und Sexualität bei sich selbst würde demzufolge einem Mädchen oder einer Frau nur wieder ihr Unrecht, ihre Schlechtigkeit bestätigen. Dies ist ein schlagendes und tragisches Beispiel dafür, wie Ungleichheit einige der wunderbaren weiblichen Qualitäten auch noch zur Versklavung und Erniedrigung der Frau selbst heranziehen kann.[2] (Und dann läßt sich leicht von »angeborenem Masochismus« reden!)

6. Kapitel

Dienen für die Bedürfnisse anderer – etwas für andere tun

In unserer Kultur bedeutet »etwas für andere tun«, daß man zu den Verlierern gehört, es ist »nichts Rechtes«. Und doch ist das Dienen am anderen Menschen ein Grundprinzip im Leben der Frauen. Es ist weit davon entfernt, für Männer zu gelten! Bestimmte Tatsachen sprechen sogar dafür, daß das Leben der Männer psychologisch *gegen* ein solches Prinzip organisiert ist, daß eine starke Kraft in den Männern sie geradezu von einer solchen Zielsetzung *forttreibt.*[1]

Das »integrierende Element«

Es ist selbstverständlich, daß wir Menschen auf die Bedürfnisse anderer eingehen müssen, weil Menschen nun eben Bedürfnisse haben, und wer sollte diese befriedigen, wenn nicht andere Menschen?

Das eigene Leben auf Fürsorge abzustellen ist ein so zentrales Moment für Frauen, daß die meisten ihrer Themen damit zusammenhängen. Ja, es kann bei ihnen als übergeordnetes Thema angesehen werden. Vielleicht finden wir später eine genauere, dynamischere Formulierung. Vorläufig ist sehr wichtig zu betonen, daß man den Frauen das Gefühl vermittelte, sie könnten alle ihre Eigenschaften nur dann sinnvoll miteinander verbinden und nutzen, wenn sie sie für andere einsetzten, nicht für sich selbst. Sie haben schließlich den Glauben entwickelt, ihr Leben sollte von dem ständigen Wunsch beseelt sein, sich auf die Wünsche, Erwartungen und Bedürfnisse anderer einzustellen. Die »anderen« sind die Wichtigen und bestimmen das Handeln.

Zwar werden auch Männer von anderen mitbestimmt und von Erwartungen anderer in ihrem Handeln beeinflußt, aber es gibt da einen gravierenden Unterschied. Männer werden danach beurteilt und beurteilen sich selber danach, wie gut sie sich den Forderungen ihrer maskulinen Kultur anpassen können. Für Frauen gilt dies nicht.

Dieser Unterschied steht in engem Zusammenhang mit der psychoanalytischen Theorie der Ich-Entwicklung. Ja, vielleicht ist der Begriff vom Ego, vom »Ich«, wie ihn die Psychoanalyse verwendet, nicht einmal angebracht, wenn von Frauen die Rede ist. Frauen haben andere Organisationsprinzipien, die andere psychische Strukturen bedingen. Eines davon ist eben, daß Frauen auf der Welt sind, um anderen Menschen zu dienen. Der fundamentale Unterschied zwischen diesem Organisationsprinzip und der traditionellen Erklärung des Ich wird hier nur angeschnitten, aber wir werden noch darauf zurückkommen.

Wie andere hier schon erörterte Aspekte hat auch die weibliche Erfahrung des Dienens ihre zwei Seiten. Und jede hat natürlich ihre besonderen Probleme. Den Frauen bringt man bei, das Hauptziel ihres Lebens sei es, für andere dazusein: zunächst für die Männer, dann, später, für die Kinder. Diese Anweisung schafft enorme Probleme, denn sie setzt praktisch voraus, daß Frauen keine eigenen Bedürfnisse haben; als könnte man anderen dienen, ohne gleichzeitig auch die eigenen Interessen und Wünsche mitzuberücksichtigen. Auf die Spitze getrieben, bringt diese Anweisung das sogenannte Märtyrersyndrom hervor oder »die erdrükkende Ehefrau und Mutter«. Aber auch hier gibt es Anzeichen für eine Entwicklung zum Positiven. Frauen haben eine viel größere und feinere Aufnahmefähigkeit für die Bedürfnisse der anderen und gehen mit einer gewissen Geschicklichkeit und Leichtigkeit darauf ein. Damit meine ich, daß Frauen einfach besser ausgestattet sind als Männer, Bedürfnisse zunächst einmal zu erkennen und dann auch zu glauben, daß sie befriedigt werden können – daß sie also anderen helfen können, ohne dies als eine Beeinträchtigung ihres

Identitätsgefühls zu empfinden. Schwierig wird es nur dann, wenn Frauen *gezwungen* werden, anderen zu dienen, oder wenn man es von ihnen erwartet, weil das ja die »einzige Sache ist, für die Frauen taugen«.

Außerdem gab es bis vor kurzem nur wenig Chancen für Frauen, ihre eigene Entwicklung mit den Fürsorgepflichten zu vereinbaren. Es gab praktisch überhaupt keine sozialen Formen, innerhalb derer das möglich gewesen wäre. Gäbe es solche Einrichtungen, ich bin überzeugt, die Frauen könnten besser damit umgehen und sich leichter darin zurechtfinden als Männer. Aber das Problem ist eben, daß es so etwas nicht gibt. Für Männer scheint schon die bloße Vorstellung, Selbstverwirklichung und den Dienst am Mitmenschen miteinander zu vereinbaren, unmöglich und absolut problematisch. Für Frauen ist dies nicht ganz so undenkbar und unvorstellbar. Es fällt ihnen sehr viel leichter, über solche Dinge nachzudenken, als es die Denkmechanismen der Männer diesen je erlauben würden.

Diese Unvereinbarkeit von Dienen und für sich selbst Weiterkommen machte Mary zu schaffen, der Frau, die wir im 4. Kapitel vorgestellt haben und die sich Sorgen machte, ob sie eine Stelle mit höheren Anforderungen annehmen solle. Sie selbst sah sich als jemanden, der für andere dasein möchte und dadurch Befriedigung erfährt. Diese Fähigkeit war sowohl eine der Ursachen, weswegen sie in ihrer Arbeit Gutes leistete, als auch eine Komponente ihres inneren Selbstwertgefühls. Die neue Aufgabe würde es ihr schwerer machen, diese Stärke einzusetzen, an ihrem Arbeitsplatz wie auch in ihren engen persönlichen Beziehungen. Diese Beschränkung vertiefte ihren Konflikt. Wenn die zeitliche Planung ihrer neuen Aufgabe es erlaubt hätte, daß sie auch weiterhin in gewohnter Weise ihrer Familie hätte dienen können, wäre ihr Konflikt bei weitem nicht so groß gewesen. Nun ist zwar leicht zu *sehen,* wie man die Zeitpläne für Job und Haushalt bei Frauen und Männern besser koordinieren könnte, doch sie wirklich *einzuführen,* würde eine grundlegende Veränderung unserer Institutionen und Arbeitsbedingungen voraussetzen. Bei Charles auf der anderen Seite spielten derartige Überlegungen überhaupt keine Rolle, als er sich entscheiden mußte, ob er eine neue Stelle annehmen solle. Seine Frau leistete diese Arbeit *für ihn,* indem sie sichtlich versuchte, seine Symptome zu erleichtern.

Es mag als Gemeinplatz erscheinen, wenn man sagt: Frauen glauben, sie *müßten* für andere dasein. Tatsächlich hat diese Bestimmung ihrer Rolle innerhalb der gegebenen Sozialstrukturen eine tiefgreifende Wirkung gehabt und eine ganze Reihe psychischer Verwirrungen verursacht. Leider ist dies unter Psychologen eine derart selbstverständliche und gewöhnliche Beobachtung, daß vielen ihre ungeheure Bedeutung als Problemfaktor im Leben der Frauen entgeht. Dies geschieht besonders dann, wenn Therapeuten darin »bloß einen Teil des üblichen Hintergrunds« sehen und sich nicht klarmachen, daß Frauen das Gefühl wirklich *nicht ertragen oder sich gestatten können,* ihre Lebenskraft für sich selbst einzusetzen. Eine solche Situation steht eigentlich den meisten unserer Theorien über die Voraussetzungen psychischer »Gesundheit« entgegen – welche ein vernünftiges Eigeninteresse postulieren –, doch fällt dieser offenkundige Widerspruch gewöhnlich nicht auf.

Einer der Gründe, warum Therapeuten die Bedeutung dieses Faktors übersehen, mag in ihrer Meinung liegen, daß eine Frau sich tatsächlich selbst am meisten nützt, indem sie anderen dient. Therapeuten bemühen sich meist herauszufinden, welches die *wirklichen* Wünsche der Frau sind, und zu beweisen, daß sie genauso eigennützig ist wie alle anderen. Es stimmt, die Frauen sind von den Triebquellen ihres eigenen Wesens motiviert wie alle anderen Menschen auch. So verstanden, handeln wir alle im Grunde danach, was uns individuell treibt. Es ist aber auch wahr, daß Frauen sich gedrängt fühlen, einen Weg zu finden, wie sie ihre eigenen

Motivationen *umsetzen* und zum Dienst an anderen *umfunktionieren* können. Daran arbeiten Frauen ihr Leben lang. Wenn sie Wege finden, dann fühlen sie sich oftmals wohl und zufrieden – und auch das nützt den anderen. Eine solche Umsetzung von Motivation finden wir bei Männern nicht. Unser Gesellschaftssystem *ent*mutigt geradezu die Männer, etwas Ähnliches zu versuchen.

Die praktischen Erfahrungen einer Frau mögen als Beispiel dienen, wie sich diese Umsetzung vollzieht. Anne war eine ernstzunehmende und durchaus begabte Künstlerin. Ihre Malerei bedeutete ihr außerordentlich viel und füllte sie stark aus. Sie war verheiratet, hatte zwei Kinder und liebte sie und ihren Mann sehr. Dennoch drängte sich ihr mehr und mehr das Gefühl auf, sie dürfe erst malen, nachdem sie alles Erdenkliche zur Beantwortung der Bedürfnisse ihres Mannes und der Kinder getan hätte. Ergebnis: sie malte immer weniger; je mehr sie ihr Leben nach den Erfordernissen der Familie organisierte, desto stärker wurde die Familie auch zu ihrem »Lebensinhalt«. Und wenn sie doch noch aus ihrer Malerei Befriedigung bezog, wenn sie sich den »Luxus« gönnte, so glaubte sie, es sei etwas »Selbstsüchtiges«.

Ihr Mann starb jung. Sie litt schwer, nicht nur weil sie ihn verloren hatte, sondern auch, weil sie kein Ziel mehr im Leben zu haben glaubte. Das einzige, was sie ihrer Meinung nach am Leben hielt, war die Verpflichtung ihren beiden Kindern gegenüber und die absolute Notwendigkeit, für sie zu sorgen – nun auch finanziell wie in jeder anderen Weise. Anne entdeckte, daß sie den Lebensunterhalt am besten mit ihrer Malerei und mit Kunstunterricht verdienen konnte; und nun konnte sie auf einmal mit großer Konzentration arbeiten; jetzt mußte sie ja, *für* die Kinder. Und obwohl sie ein Gleichgewicht zwischen der Sorge und Aufmerksamkeit, die sie den Kindern direkt zuwandte, und ihrer Arbeit finden mußte, war ihr nun beides möglich. Die Befriedigung, die sie als Künstlerin aus ihrer Arbeit schöpfte, war nun nicht mehr »selbstsüchtig«. Mit der Zeit entwickelte sie auch ein stärkeres Selbstgefühl *durch sich selber,* als sie es früher besessen hatte, während ihr Leben noch auf ihren Mann und seine Wünsche ausgerichtet war.

Nach ein paar Jahren heiratete Anne zum zweitenmal, und wieder war ihre Arbeit für das finanzielle Wohl nicht mehr nötig. Wieder wagte sie es nicht, sich ganz ihrer Kunst zu widmen. Sie glaubte, sie habe nicht das Recht, sich einer Sache »ausschließlich nur für sich« hinzugeben. Jede Stunde, die sie mit Malen zubrachte, mußte buchstäblich genau abgewogen und daraufhin taxiert werden, ob sie nicht etwa auf die Sorge für Mann und Kinder verwendet werden könnte. Und natürlich gab es fast immer irgend etwas, das getan werden mußte oder konnte, um das Leben der Familienmitglieder noch besser oder angenehmer zu gestalten.

Abschied einer Super-Frau

Obwohl die innere Bedrückung von Anne für sie nicht leicht zu lösen war, so war sie doch immerhin eher durchschaubar als die Schwierigkeiten, die der Zwang zum Dienen in vielen anderen Fällen hervorruft. Anne hatte den großen Vorteil, daß ihr wenigstens eines ihrer wichtigen Bedürfnisse, einer ihrer großen Wünsche bewußt war. Viele psychische Bedürfnisse lassen sich weit weniger leicht fassen und bestimmen. Dazu braucht man die Chance, diese Selbsterforschung in Interaktion mit der Welt und mit anderen Menschen zu betreiben. Wo Frauen zu solchem Austausch nicht angeregt werden oder wo man sie sogar davon abzuhalten versucht, dort haben sie es im allgemeinen viel schwerer, etwas über ihre Bedürfnisse und Wünsche zu erfahren.

Es gibt allerdings für Frauen einen scheinbar bequemen Ausweg. Man wendet sich fast völlig von der schwierigen Erforschung der eigenen Bedürfnisse ab und konzentriert sich auf die der anderen. In diesem Fall entwickeln Frauen oft die Überzeugung (die meist nicht einmal direkt geäußert wird), daß ihre eigenen Bedürfnisse, die nicht-untersuchten, nicht-geprüften, nicht-ausgedrückten Bedürfnisse, irgendwie zur Belohnung erfüllt würden. Und um das Maß vollzumachen, legen sich manche noch den Glauben zu, daß andere sie lieben werden (und ihnen dauerhaft ergeben sein werden), *weil* sie diesen anderen so viel Gutes tun. Das Tragische hierbei ist nur, daß Menschen andere aus eben diesen Gründen *nicht* lieben. Vielleicht geraten sie in Abhängigkeit von der Dienstbereitschaft, doch das ist etwas anderes als wirkliches Interesse und Liebe. Außerdem können Männer und Kinder, wenn sie zu abhängig werden, leicht das Gefühl bekommen, durch diese Abhängigkeit wie in einer Falle zu sitzen, und sie beginnen möglicherweise die Person zu hassen, die sich so vorbildlich um sie kümmert. (Dies ist einer der Gründe dafür, warum manche Männer ihre Super-Frauen sitzenlassen und warum manche Kinder sich heftig gegen ihre Super-Mütter zur Wehr setzen.) Wenn Frauen merken, daß sie nicht geliebt werden, bestärkt sie dies nur in ihrem Glauben, daß andere Menschen sich mit ihnen nur abgeben, weil sie, die Frauen, ihnen Dienste leisten. Auf diese Weise verlieren sie vollends das Gefühl, andere Menschen könnten um ihrer selbst willen an ihnen interessiert sein. Obwohl dies ein schreckliches Gefühl ist, glauben doch viele Frauen, sie hätten sich damit abzufinden, besonders wenn sie schon einige Zeit verheiratet sind. Welche Alternative hatten sie denn auch?

Die Erfahrung einer anderen Frau mag ein paar dieser zusammentreffenden Faktoren illustrieren. Edith wuchs sich zu einem Musterbeispiel der »perfekten Frau« heraus. Ihre Mutter hatte sie wohl unterrichtet, wie man Männer für sich gewinnt und ihnen gefällt. Sie wußte aber nicht, wie sie sich selbst etwas zu Gefallen tun könnte, außer indem sie einen attraktiven, wohlsituierten Ehemann fand. Sie war hübsch, und man mochte sie gern, und so heiratete sie schließlich

Bert, einen ihrer vielversprechendsten Verehrer. Sie entwikkelte sich zur Super-Eva und zur Super-Mutter und bezog ihre innere Sicherheit zunehmend aus der Überzeugung, sie könne sämtliche Familienmitglieder an sich binden, nicht etwa weil diese sie wirklich lieben und brauchen würden als den Menschen Edith, sondern weil sie sie zweifellos nötig hätten. Sie tat soviel für sie, sie machte ihnen das Leben so angenehm, wieso sollten »die« also nicht? Lange Zeit schmeichelte sie sich in dem Gefühl, wie unersetzlich sie für alle geworden sei. Bald bezog sie ihr Identitätsgefühl fast ausschließlich daraus.

Nach ein paar Jahren traten bei ihr unverständliche Wutausbrüche, Erregungszustände und Depressionen auf. Selbstverständlich wußte sie keinen Grund dafür, sie hatte aber das übermächtige Gefühl, ihr komfortables Haus und die Familie verlassen zu müssen. Sie tat es. Sie nahm eine sehr schlecht bezahlte Stellung an und mußte, um diesen Job zu bekommen, sogar aus ihrer Heimatstadt fortziehen. Sie konnte sich nur eine billige, schäbige Wohnung leisten. Damals tat sie dies alles nur aus dem verzweifelten Gefühl heraus, daß »sie es tun müsse«, ohne zu wissen warum.

Niemand konnte ihr seltsames Verhalten verstehen. Doch als sie sich mit der Zeit ein eigenes Leben, wenn auch ein kärgliches, aufbaute, kam ihr schließlich zu Bewußtsein, daß sie einen heftigen Widerwillen gegen den Zustand des Dienens, in dem sie zuvor lebte, entwickelt hatte. Sie hatte in sich das Gefühl wachsen spüren, daß keiner sie wirklich *kennen* würde oder keinem an ihr gelegen sei, und sie hatte die Menschen zu hassen begonnen, die ihr dieses Gefühl gaben. Sie war nicht imstande gewesen, diese Verbitterung zu analysieren oder ihre Ursachen herauszufinden. Diese Unfähigkeit, für die eigenen Gefühle eine Konzeption zu finden, brachte schließlich die Falle zum Zuschnappen. Sie erkannte nun, daß sie in der Sorge um andere ihren einzigen Sinn und Zweck gesehen hatte; dabei hatte sie verzweifelt das Gefühl gebraucht, ein Mensch mit eigenem Wert zu sein. Außerdem hatte ihr die Bestätigung gefehlt, daß man sie um ihrer selbst willen, als die Person, die sie war, gern hatte. Diese Bedürfnisse waren zuletzt so stark geworden, daß sie dafür sogar riskierte, bestehende Bindungen zu verlieren.

Edith hätte leicht als überspannt und selbstzerstörerisch diagnostiziert werden können. Sie verließ ein Heim, in dem »sie alles hatte«, und begab sich in eine Situation, in der sie nichts hatte. Man könnte sie auch als »zornige Frau« bezeichnet haben. Sie war es zweifellos. Da ihr ganzes früheres Leben völlig unter dem Leitmotiv des Dienens gestanden hatte, würde man sie vielleicht auch als »extrem abhängig« etikettiert haben; und möglicherweise hätte man sie sogar ohne allzu große Schwierigkeiten davon überzeugen können, daß sie an einer Kombination von übertriebenem Zorn und übertriebener Abhängigkeit leide und daß es am besten sei, wenn sie das zu überwinden versuche und in das vorteilhafte Leben zurückkehre, das sie bisher geführt hatte. Aber diese Therapie wäre am Kern ihres Problems vorbeigegangen.

Nicht allzu viele Frauen schlagen den Weg ein, den Edith gegangen ist. In ähnlicher Lage treten bei den meisten akute Depressionen oder andere seelische oder körperliche Symptome auf. Sehr oft werden sie auch Opfer einer spezifischen Art von Depression, wenn nämlich Kinder in ihrem eigenen Entwicklungsprozeß erkennen lassen, daß sie die Mutter nicht mehr brauchen. Auch die von solchen Depressionen betroffenen Frauen entwickeln beträchtlichen Zorn. Allerdings ist es ihnen meist nicht möglich, sich das selber einzugestehen. Wie sollten sie auch diesen Zorn begreifen, wenn Kinder ja doch nur tun, was von ihnen erwartet wird?

Ediths Mann machte sich zufällig wirklich große Sorgen. Er suchte nach seiner Frau, sprach mit ihr, bemühte sich, sie zu verstehen, und versuchte auf sie einzugehen. Mit der Zeit konnte er sie davon überzeugen, daß er sie wirklich bewunderte und liebte so, wie sie nun wurde, und dies war etwas ganz anderes, als sie es zuvor gewesen war.

Diese neue partnerschaftliche Beziehung entwickelte sich weder rasch noch leicht; es gab eine Reihe von Fehlinterpretationen und Mißverständnissen zu überwinden. Am Ende machten die beiden ihren Weg wieder gemeinsam – doch die Grundlagen waren nun gänzlich andere: Bert zog in die Stadt, in der Edith lebte; er änderte seinen Arbeitsrhythmus und krempelte sein Privatleben völlig um. Ein paar Dinge halfen ihm sehr dabei. Er konnte doch zumindest den Versuch unternehmen, ein Geschehen zu begreifen, auf das er ursprünglich sehr heftig reagiert hatte. Außerdem hatte er es inzwischen selbst »geschafft« und konnte deshalb in seinem Streben nach Ansehen und Vermögen, das ihn in all den früheren Ehejahren so total okkupiert hatte, etwas kürzer treten. Dennoch hatte er bis zu einem gewissen Grad immer das Gefühl, er »opfere« etwas von seinem Ehrgeiz und seinen Lebenserwartungen.

Änderung bahnt sich an

Eine andere Frau, Judy, reagierte schon etwas moderner in einer ähnlichen Situation. Sie ist jünger als Edith und weiß von vornherein über die eigenen Bedürfnisse besser Bescheid. Sie wünscht sich vollen Anteil und Einfluß bei der Entwicklung ihrer Kinder, doch sie will auch, daß ihr Mann seinen Anteil an Sorge und Zuwendung für die Kinder leistet – daß er also ebenso besorgt um die Kinder und um sie ist, wie sie um ihn. Außerdem möchte sie auch gern eigenen Interessen nachgehen; sie weiß, daß sie sich ein Selbstgefühl auf ihren eigenen Motivationen und Fähigkeiten, nicht auf denen ihres Mannes aufbauen muß. Judy erkennt, daß alles und jeder sie in ihrer Jugend dazu ermunterte, sich auf eine Beziehung zu einem Mann und auf die Ehe zu konzentrieren. Von dem heute herrschenden Klima begünstigt, kann sie einige ihrer früheren Eheerfahrungen leichter besprechen als Edith. Allein schon die Fähigkeit, das Problem zu artikulieren, hilft sehr viel weiter. Es erspart ihr die gänzlich ahnungslose Frage, was denn eigentlich passiert, und bewahrt sie vor dem Gefühl, daß »irgendwas mit mir nicht stimmt«. Aber es ist noch nicht genug.

Judys Mann, Will, ein Facharbeiter, begreift intellektuell einen Teil der Situation. Er sieht ein, daß die Beschränkungen, denen Judy unterworfen ist, unfair sind, und sagt, in einer gerechteren Gesellschaft werde sie gleichen Lohn für gleiche Arbeit erhalten. (Er könnte sogar hinzufügen, daß sie eines Tages auch in gleicher Weise dazu ermuntert und angespornt wird.) Wie die Dinge aber jetzt liegen, denkt er nicht daran, einen Fußbreit von seiner Arbeitsposition oder einen Pfennig von seinem Lohn aufzugeben, um sich mit seiner Frau in die Verantwortung für die Kinder zu teilen. Was er derzeit an Einkommen verlieren würde, wäre mehr, als Judy verdienen könnte. Außerdem würde eine solche Änderung seiner Arbeitssituation auch sein Selbstgefühl und seinen Status »mit den Jungs« in der Firma verändern, schon deswegen ist sie für ihn undenkbar. Es kann kein Zweifel sein, daß er Judy und die Kinder liebt und an ihnen hängt; aber es hat eben eine strikt »nachdienstliche« Liebe zu sein und nichts, was das tägliche Leben wirklich bestimmen würde. Allerdings erfüllt ihn der Gedanke, die Kinder und die Frau zu verlieren, mit Angst und Verzweiflung.

Diese Geschichte zeigt eines sehr deutlich: Es ist die Frau, die Grund hat, eine gerechte Gesellschaft aufzubauen bzw. mitaufzubauen. Denn sie leidet am meisten unter der jetzigen und spürt am stärksten die Notwendigkeit der Veränderung. Für sie ist dies nicht bloß eine intellektuelle Theorie über Gerechtigkeit. Sie wird eine Lösung finden müssen, wenn sie ihr Leben befriedigend leben will. Judys Mann wünscht, »mehr Zeit für die Kinder zu haben«, aber Judy *ist gezwungen*, die Veränderungen herbeizuführen, *die für sie nötig sind.* Solche Veränderungen könnten zuletzt dazu führen, daß auch der Vater stärkeren Anteil am Leben seiner Kinder nehmen kann. Es ist festzuhalten, daß Judys Wünsche für die eigene Person mindestens ebensosehr von dem Bedürfnis getragen sind, das Wohl und die Entwicklung ihres Mannes und der Kinder zu fördern.

Seltsame Theorien über die »menschliche Natur«

Weder Judys Mann noch der von Edith wollten jemandem weh tun oder ihm etwas vorenthalten. Dies war in der Tat einer der Gründe, warum die Ehemänner so negativ reagierten, als ihre Frauen das Thema des Zurückgesetztseins zum erstenmal zur Sprache brachten. Sie mußten sich mit einemmal grausam vorkommen, dabei lag ihnen doch nichts ferner, als grausam zu sein. Allerdings steckt da noch mehr dahinter: Um ihre vorgeschriebene männliche Identität aufrechtzuerhalten, haben sie weite Bereiche der eigenen Sensibilität verschließen gelernt, und einer dieser wesentlichen seelischen Bereiche betrifft eben das Vermögen, auf Bedürfnisse anderer einzugehen.

Nun ist es nicht so, daß Männer nicht auch anderen dienten, sie tun es auf vielfältige Weise. Beide Ehemänner in unseren Beispielen tun dies. Bert hat schon immer seine wissenschaftliche Arbeit als für die »Menschheit wichtig« angesehen, und Will ist überzeugter Gewerkschaftler und kümmert sich sehr angelegentlich um das Wohl seiner Kollegen. Aber der wesentliche Punkt dabei ist eben, daß das Bedürfnis, für andere dazusein, für das Eigen-Image eines Mannes nicht von *zentraler* Bedeutung ist. Es ist ein Luxus, den er sich wünschen mag oder vielleicht leisten kann, aber *erst* nachdem er die primären Erfordernisse des Mannseins erfüllt hat. Sobald er Mann ist, *aufgrund anderer Normen,* kann er sich *entschließen,* anderen zu dienen. Frauen haben diese Wahl nicht gehabt.

Der weite Bereich menschlicher Aktivität, der mit der Sorge für den Mitmenschen zu tun hat, wurde also ausgesondert und den Frauen zugewiesen. Nimmt man die Tatsache hinzu, daß die Arbeit der Frauen generell keine Anerkennung findet, dann landen wir bei einigen seltsamen Theorien über die Natur des Menschen. Es sind übrigens die Theorien, die in unserer Kultur Vorrang genießen. Eine davon behauptet, daß der Mensch seinem Wesen nach selbstsüchtig, wettbewerbsorientiert, aggressiv und destruktiv sei. Eine solche Theorie übersieht einfach die Tatsache, daß Millionen von Menschen (und die meisten davon waren Frauen) über viele Jahrhunderte hin Millionen von Arbeitsstunden darauf verwendet haben, für unzählige andere Menschen das Äußerste zu leisten. Diese Tatsache hat natürlich wichtige Konsequenzen für Frauen, aber letztlich hat sie genauso ernste Implikationen für Männer *und für die Theorien der herrschenden Kultur über die Natur des Menschen.* Da der Mann der Maßstab aller Dinge ist – also der Mensch als männliches und nicht als menschliches Wesen –, neigen wir alle dazu, uns an Männern zu messen. Wie Männer die Welt interpretieren bestimmt uns alle, lenkt uns alle, sagt uns, was der Mensch sei.

Auf eine ganz einfache Formel gebracht: Alles, was wir Menschen haben, sind wir selbst und die anderen, aber das ist natürlich genug. Wir alle brauchen uns selbst *und* einander. Es sieht fast so aus, als kämen unsere Schwierigkeiten daher, daß wir versuchen, uns aufzuspalten, und zwar so, daß die Männer um sich selbst kreisen müssen und die Frauen »um den Mitmenschen«. Unter dieser Aufspaltung leiden beide Gruppen. Obwohl diese Aufspaltung ziemlich einfach und in sich schlüssig scheint, folgen doch zahlreiche psychische Verwirrungen direkt daraus.

Eine dieser Störungen ist zum Beispiel, daß der herrschenden Gruppe die wichtige Erkenntnis verwehrt wird, was es bedeutet, das Leben für sich selbst und für andere miteinander zu vereinbaren. Von früher Kindheit an wird der Mann psychisch darauf trainiert und konzentriert, sich lediglich um sein eigenes Leben zu bemühen. Er *muß* es tun, oder er kommt sich unmännlich, wie ein Versager vor.

Der Mann oder der Junge wird in seiner Entwicklung psychologisch geradezu davon abgeschreckt, sich dienende Eigenschaften anzueignen, und zwar durch eine offenkundige Tatsache: es gibt in seinem Leben ja bereits Leute, die eindeutig zum Dienen bestimmt sind, und das sind Mädchen und Frauen. Würde man die Arbeit tun, die diese Leute tun, riskierte man, wie eine Frau zu sein, wie eine Frau eingeschätzt zu werden und sich selbst so zu sehen. Dies wurde zu einer schrecklichen Vorstellung aufgemacht und diente als eine der Hauptbedrohungen für männliches Selbstbewußtsein.

Soweit wir bisher über die Entwicklung des Identitätsgefühls bei einem Menschen Bescheid wissen, hängt es sehr eng mit ihrem/seinem Gefühl zusammen, weiblich oder männlich zu sein. Neueste Erkenntnisse lassen darauf schließen, daß sich das Kind im Alter zwischen anderthalb und drei Jahren bereits als »sexuelle Person« und nicht als Angehöriger der Gattung Mensch empfindet.[2] Also bedeutet die Bedrohung für einen Knaben, kein männliches Wesen – also »nicht-maskulin« – zu sein, psychologisch in etwa, daß er überhaupt keine Person sei. Wir lernen unser Existenzgefühl so frühzeitig mit der geschlechtlichen Existenz verknüpfen, daß wir uns einfach nicht als bloße »Person« sehen können. Wir können nur denken: »Ich bin der und der, ein Mann« oder »Ich bin die und die, eine Frau«. »Wenn ich nicht John, Geschlecht männlich, bin, dann bin ich sozusagen überhaupt niemand.« Das innere Gefühl der Nichtexistenz, der Verlust des Existenzgefühls, der Verlust der fundamentalen psychischen Sinnzusammenhänge stellen eine der schrecklichsten Beängstigungen dar, die man erleben kann. Tatsache jedoch ist, daß wir den Begriffen Weiblichkeit und Männlichkeit keineswegs all diese Bedeutung beilegen *müssen,* die wir ihnen heute geben. Es besteht kein Grund, warum der Dienst am anderen eine Gefährdung der Männlichkeit sein muß. Wie viele andere Überzeugungen ist auch diese von der Kultur gesetzt.

Wir haben uns also eigentlich eine Situation geschaffen, in der die Männer sich bedroht fühlen, »wie eine Frau zu sein«, wenn sie sich auf ursprüngliche Weise erlauben, sich auf die Bedürfnisse anderer einzulassen und anderen zu dienen. Wie eine Frau zu sein, das ist beinahe wie nichts sein. Das bedeutet nicht, daß alle Männer diese Vorstellung ausdrücklich formulieren, die meisten tun es nicht. Es bedeutet aber, daß Männer dazu gebracht werden, ihre Vorstellungen auf eine innere, nichtartikulierte Weise danach einzurichten.

Auf die Bedürfnisse anderer eingestellt zu sein, auf sie zu reagieren und ihnen entsprechen zu dürfen (und dies während der eigenen Entwicklung); Möglichkeiten dafür zu finden und gleichzeitig der eigenen Person Ausdruck zu geben und die eigene Weiterentwicklung zu betreiben: dieses sind für Männer zwei verschiedene und nicht miteinander zu vereinbarende Ziele. So sind sie dann auch von dem weiteren Prozeß ausgeschlossen. Nicht daß Jungen nicht auf andere eingehen und auf die Bedürfnisse anderer reagieren könnten. Sie werden nur systematisch darauf eingeübt, ihre Responsivität zu dämpfen. Die »Belohnung« wäre gewissermaßen die Bestrafung, wie eine Frau eingestuft zu werden, kein Mann zu sein. Und das bedeutet, nicht zu sein. Es gehört in den Bereich des Unvorstellbaren, des Gefürchteten, das man vermeiden muß.

Da unser Bild von den menschlichen Möglichkeiten darauf beruht, was Männer getan und was Männer für möglich erklärt haben, konnten wir uns bislang nicht mehr unter »Mann/Mensch« vorstellen, als die bisherigen Definitionen gestatteten. Man ließ uns in dem Glauben, daß zwar viele Menschen Regungen von Großmut, Freundlichkeit und

Hilfsbereitschaft hätten, daß die Menschen im Grunde aber egoistisch und selbstsüchtig seien und nur auf den eigenen Vorteil bedacht. Das Eigeninteresse, sagen wir indessen, ist zwar eine Grundtatsache, aber es ist nicht *die* Grundtatsache. Es ist gerade eine davon.

Wir könnten hier sagen, daß eine der größten Aufgaben, die vor unserer menschlichen Gemeinschaft liegen, die Entwicklung einer Lebensform wäre, die das Dienen am anderen einschließt, doch ohne das bisher damit verbundene Unterworfensein. Wie sollen wir diese *notwendige Einsicht* in die Entwicklung und in die Weltanschauung eines jeden einpflanzen? Wie wir zu Beginn sagten, haben die Frauen heute die beste Ausgangsposition für diesen sozialen Fortschritt. Um ihn allerdings zu erreichen, müssen vorhandene weibliche Vorzüge anders und besser einbezogen werden. Zu helfen, ohne dienstbar zu sein, das verlangt von den Frauen, daß sie bestimmte andere Qualitäten ausbilden. Wir werden das in den folgenden Kapiteln besprechen.

Ego-Entwicklung

Kehren wir kurz zu der psychoanalytischen Theorie der Ich-Entwicklung zurück; wir haben festgestellt, daß den Frauen eine »durchlässigere Ego-Struktur«, bzw. eine »weniger starre Ego-Begrenzung« als Männern zugeschrieben wird. Freud selbst sagte, Frauen hätten ein weniger entwickeltes Über-Ich – eine scheinbare Herabsetzung. Die Theorie sagt: Ich und Über-Ich entwickeln sich in Relation zur Wirklichkeit (das heißt der Wirklichkeit, wie sie durch die jeweilige Kultur definiert wird) und durch die Anforderungen, die die Wirklichkeit an das Individuum stellt. Die Wirklichkeit stellt diese Anforderungen, weil in jeder Person ein künftiger Repräsentant dieser Kultur und ihrer Normen gesehen und herangezogen werden soll.

Die derzeit herrschenden Theorien in der Psychoanalyse

bezüglich des schwächeren Ich
spiegeln recht gut die Tatsache w
jetzt gültigen Definitionen quasi
Über-Ich besitzen. Frauen haben
nicht den Platz, den Männer ein
das Recht noch die Bedingungen,
der Kultur zu sein; noch wurde ih
Handlungen im Hinblick auf den
zu beurteilen. Diese beiden Recht
für die Entwicklung von Ich und
heißt nicht, daß Frauen nicht übe[r Organisationsprinzipien]
verfügten oder nicht auf ihre besondere Weise auf »eine Wirklichkeit« bezogen wären. Aber die Wirklichkeit der Frauen hat ihre Wurzeln eben in der Anweisung, sich in eine Person »umzuformen«, die anderen von Nutzen ist. Also sehen sie ihr eigenes Handeln nur so, wie es ihnen von anderen übermittelt wird. Diese Erfahrung beginnt bei der Geburt und setzt sich durch das ganze Leben hindurch fort. Daraus entwickeln Frauen eine psychische Struktur, auf die der Begriff des Ego, wie er gewöhnlich verwendet wird, vielleicht gar nicht anwendbar ist.

Wir stellen also die Hypothese auf, daß das Organisationsprinzip im Leben der Frauen nicht ein *direkter* Bezug zur Wirklichkeit ist – da Wirklichkeit kulturell definiert ist. Dies gilt ebenso für die Vermittlung zwischen den eigenen »Trieben« und dieser Wirklichkeit (woraus sich das Ich entwickelt). Frauen machen einen komplizierteren Vermittlungsprozeß durch: nämlich den Versuch, ihre Triebe so umzuformen, daß sie den Trieben anderer dienen können; und diese Umformung ereignet sich nicht unmittelbar an der Wirklichkeit, sondern *vermittelt durch die Ziele der anderen Person* in dieser Wirklichkeit. Die Selbstheit der Frau, so nahm man an, drehte sich also letztlich mehr um die Vorstellungen und Wertmaßstäbe der anderen Person als um ihre eigenen.

ptungen sind komplex, doch sie alle müs-
aligen Natur der Realitätsbindung ausgehen.
Teil dieser Realitätsbindung erfolgt bei uns
r die anderen; doch wir haben gesehen, daß bei
n die Struktur ihrer Beziehung zu anderen Menschen
solche grundlegend verschieden ist von der bei Männern. »Für andere dazusein« ist eine Möglichkeit, die Grundform zu beschreiben, welche die Beziehungen der Frauen zu anderen annehmen können. Allerdings müssen wir ein noch grundlegenderes Thema untersuchen: nämlich die ganz wesentliche Bedeutung der Beziehung zu anderen Menschen überhaupt. Wir werden uns damit im 8. Kapitel befassen. Zuvor jedoch wollen wir noch über die Wirklichkeit oder die »reale Welt« sprechen, wie sie sich nämlich den beiden Geschlechtern unterschiedlich darstellt.

7. Kapitel

Ausgeschlossen von der »wirklichen Welt«

Es mag den Anschein haben, als behauptete ich, die Frauen hätten alle Tugenden und Vorzüge und könnten oder sollten sich jetzt aufmachen und die Welt retten. Darum geht es überhaupt nicht. Ich behaupte lediglich, daß die menschliche Erfahrung offensichtlich zweigeteilt wurde – nicht genau in zwei Hälften, sondern irgendwie ungleich. Ein Anteil, der den Frauen zugewiesene, wurde abgewertet und behandelt, als gäbe es ihn fast nicht oder als wäre er gerade nur für Frauen gut genug. Aber natürlich ist es ein wesentlicher Teil – jeder weiß, daß *jemand* die Kinder großziehen muß, und alle wollen jemanden haben, der sich um die körperlichen Annehmlichkeiten und um die »niederen Bedürfnisse« der Sexualität kümmert. Und jeder Mann wünscht sich einen Menschen, der ihn umsorgt, wenn er krank oder behindert ist.

All diese Dinge – die Frauen tun dürfen – liegen bezeichnenderweise ziemlich weit ab von dem wirklichen Geschehen unserer Zeit. Der Platz der Frau ist außerhalb der wichtigen Ereignisse. Die Alten, Kranken und Behinderten pflegen heißt sich um die kümmern, die zeitweilig oder auf Dauer aus dem aktiven Arbeitsprozeß gezogen sind; und Kinder großziehen, das ist die Beschäftigung mit jenen, die noch nicht an den wesentlichen Ereignissen teilhaben. Doch Frauen kümmern sich sogar um jene, die in den Hauptaktionen drinstecken, und zwar während der Stunden des Tages, die sie nicht aktiv sind: das heißt, sie umfangen den abends müde heimkehrenden Mann mit Fürsorglichkeit und machen es ihm bequem. Die andere Rolle der Frau, nämlich die nächste Generation zur Welt zu bringen, wird zwar als essentiell angesehen, doch sie stellt die Frauen zugleich wirksam außerhalb der Aktivitäten ihrer eigenen Generation. Auf solche Umstände berufen sich Frauen unter anderem, wenn sie sagen, sie hätten den Kontakt mit der »wirklichen Welt« verloren.

Es ist wahr, daß Frauen an manchen Orten und zu vielen Zeiten die Hauptrolle (oder doch eine gleichberechtigte Rolle) in der wirtschaftlichen Produktion ihrer Gesellschaft gespielt haben; doch selbst in solchen Gesellschaften haben sie selten, wenn überhaupt, eine gleichberechtigte Rolle bei der *Lenkung der Gesellschaft* innegehabt. Vielerorts waren die Frauen die Hauptproduzenten für Nahrungsmittel und Wirtschaftsgüter, aber ihr »Stellenwert« war nicht durch diese Tätigkeiten bestimmt.[1] Es hat den Anschein, daß was immer Frauen taten nicht als wertvoll erachtet wurde. Immer noch werden sie als die Produzentinnen von Menschen und als deren Umsorgerinnen betrachtet – und dies gilt dann als weniger wichtig.

Frauen arbeiten in der unerschütterlichen Überzeugung, daß das, was sie tun, nicht so wichtig sei wie das, was Männer tun. Damit sind sie, natürlich, vollkommen realistisch – realistisch in dem Sinn, wie es die Gesellschaft definiert. Doch indem sie die gesellschaftliche Definition akzeptieren, werden sie von einer anderen Wirklichkeit abgelenkt, nämlich der ihres eigenen Lebens und ihrer persönlichen Erfahrungen. – Männer glauben, ihre Tätigkeit sei wichtiger, und damit befinden auch sie sich in völliger Übereinstimmung mit der gesellschaftlich definierten Wirklichkeit. (Hier stoßen wir erneut auf eine Erfahrung, die man eventuell als Penisneid bei Frauen interpretieren konnte. Die Frauen hatten das Gefühl, als hätten die Männer »etwas«, was sie selbst nicht besäßen, und sie hatten es, weiß Gott!)

Nun haben manche argumentiert, diese Teilung der Verantwortlichkeiten sei gut und richtig. Sollen sich doch die Frauen um diese Sachen kümmern, sagen sie. Es sind wesentliche Dinge, und irgend jemand muß sie schließlich tun. Wenn schon jemand angewiesen werden muß, für gewisse Lebensnotwendigkeiten Sorge zu tragen, und wenn dies nun einmal »außerhalb der wirklichen Welt« stattfindet, dann sollen das besser die Frauen machen. In einer Demokratie würde ein derartiges Verfahren nahezu unvorstellbar erscheinen. Überdies ergeben sich aus unserer derzeitigen Teilung der Lebensaufgaben zwei äußerst wichtige Punkte. Erstens: Wenn die Gesellschaft die den Frauen zugewiesenen Gebiete für weniger wertvoll erklärt, kann sie nicht gleichzeitig den Frauen sagen, sie könnten oder sollten sich als vollwertige Personen fühlen; und wenn wir einer Person nicht das Grundrecht einräumen, ein vollwertiges Mitglied der Gesellschaft zu sein, dann behindern wir den Fluß ihrer psychischen Ausdrucksmöglichkeiten, im kleinen wie im großen, tausendfach. Der zweite wichtige Punkt ist, daß die Bereiche, die den Frauen als ihr Platz zugeordnet sind, tatsächlich *weder* zweitrangig *noch* unwichtig sind. Doch weil man sie in der Weise definierte, haben sie für Frauen und Männer zu gewaltigen Problemen geführt; und die Beibehaltung dieser Aufteilung steht einer Lösung des Problems für beide Geschlechter im Wege.

Beim Versuch, in die Tiefen der menschlichen Psyche vorzudringen, betrat die Psychoanalyse die »unwirkliche Welt« der ungelösten Probleme der »Menschheit« (= »Mannheit«); und während sie sich an ihren Ariadnefäden durch die vielen verworrenen Labyrinthe vorwärts tastete, erkannte die Psychoanalyse nicht, worum es sich hier wirklich handelte: die Welt der Frau. Was die Gesellschaft bisher nicht gesehen hat, ist, daß der lebendige Kontakt mit der »nicht-wirklichen« Welt uns nicht schwächen muß. Er kann uns alle stärker machen.

Innerhalb der »wirklichen Welt«

Manches von dem, was ich geschrieben habe, mag klingen wie die Weisheiten unserer Großmütter: »Männer sind eben Kinder. Wir lassen sie ihre kleinen Spielchen miteinander treiben. Wir wissen ja, es geht nicht um wichtige Dinge dabei, aber sie glauben es eben. Also lassen wir sie. Wir kümmern uns um sie, damit sie weiterspielen können. Ohne uns könnten sie das nicht.« Doch die Spiele sind kein Spaß mehr, wenn sie das überhaupt jemals waren. Viele enden im Kriegspielen. Was Großmutter uns nicht gesagt hat, ist, daß Männer auch zu etwas ganz anderem fähig sind. (Wenn sie es nicht sind, dann sollten die Frauen vielleicht besser die Herrschaft ganz übernehmen!) Aber wenn auch in den Männern latente Kräfte schlummern, sie werden keinen Schritt vorwärts tun, solange die Frauen den Status quo unterstützen.

In letzter Zeit ist auf vielen Gebieten der herrschenden Kultur eine wahre Sintflut von Schriften über uns hereingebrochen, in denen die Verstricktheit des Mannes beklagt wird. Da steht etwa, daß die dem Mann gesetzten Ziele eine Person aus ihm machen, die unfähig ist, Befriedigung zu erlangen oder auch nur eine sinnvolle Beziehung zu seiner Arbeit und zu seinen Kollegen herzustellen. Eine Unmenge von Literatur über »Entfremdung« und »Kommunikationsmangel« tritt zum Beweis an. Aber in diesen Schriften wird nicht ernsthaft erwogen, daß diese Schwierigkeiten in engem Zusammenhang mit der Unterdrückung der Frauen stehen.

Alle sozialen Strukturen, die eine Männergesellschaft bislang geschaffen hat, schlossen auch die Unterdrückung anderer Männer ein. Auch in anderer Hinsicht also sind unsere gesellschaftlichen Errungenschaften noch immer ein sehr fragwürdiger Segen. Was relativ wenige Männer in unserer Fortschrittsgesellschaft aufbauen konnten, geschah weitgehend auf Kosten anderer Menschen, auch auf Kosten anderer Männer. Die technologisch fortgeschrittene Gesellschaft führte zu enormen Vorteilen für eine kleine Gruppe und zu einigen Verbesserungen für eine etwas größere Gruppe – um den Preis des Elends für viele und der Zerstörung ganzer Kulturen anderer.

Eine besondere Folge dieser Destruktivität ist das sehr verzerrte Bild, das wir von den Menschen bekommen haben: Die Menschen sind selbstsüchtig, sie wollen eigentlich nur den anderen unterkriegen. Freud nimmt Ähnliches an: Der Mensch ist verurteilt. Sein fundamentalster angeborener Trieb – der Trieb nach Lustbefriedigung (der nach Freud jeglicher Motivation, allem Leben zugrunde liegt) – führt nur nur zu Eroberung und Zerstörung. Die Gesellschaft kann nur hoffen, diese Destruktivität in Schach zu halten und diese Triebe zu sublimieren. Eine solche Interpretation kann in der Tat leicht aus einer Gesellschaft erwachsen, in der nur dem einen Geschlecht die Möglichkeit zu Aktion, Entscheidung und Macht gegeben ist.

Sicher, das Leben in der Welt »da draußen« ist ein Wettrennen; es ist eine harte, grausame Welt. Und sie sieht nicht sehr verlockend aus. Die sogenannte jugendliche Identitätskrise (die des männlichen Jugendlichen, denn der Begriff beschreibt bisher die weiblichen noch nicht richtig) könnte daher rühren, daß man sich nicht wirklich für diese Welt entscheiden will und die frühere Welt – die sogenannte Welt der Kindheit – nicht wirklich aufgeben möchte, in der die anderen bereit waren, zu helfen, sich um einen zu kümmern, einen beim Weiterkommen zu unterstützen, wo sie mit ihren Gefühlen und Handlungen *für* einen und nicht *gegen* einen waren. Dieses Widerstreben halten die Psychologen und Erziehungsberater für Unreife und Abhängigkeit. (So werden Dinge auf den Kopf gestellt.) Aber warum eigentlich sollte heute ein Junge die Welt der Fürsorglichkeit verlassen wollen und erwachsen werden wollen? Erwachsen wozu? Doch andererseits, wie kann man eine leistungsfähige, autonome Persönlichkeit sein, ohne gleichzeitig aktiv an dem Rennen teilzunehmen und es zu befürworten? Denn: weniger zu sein als ein engagierter Beteiligter brächte das Risiko mit sich, weniger zu sein als ein Mann.

Für die Frauen gilt dies, wie wir gezeigt haben, nicht in

derselben Weise. Aber auch für Frauen nehmen die Probleme scharfe Konturen an, wenn sie »das Leben in der realen Welt« ernst nehmen. Wenn sie versuchen, *für sich selbst* etwas zu erreichen, stehen sie vor der Aufgabe, alle ihre Eigenschaften nach ihrer eigenen Bestimmung einzusetzen. Diese Aussicht hat es nie zuvor in größerem Rahmen gegeben. Dies wird eine neue Umwandlung der *wertvollen* weiblichen Eigenschaften erforderlich machen. Diese Umwandlung wird Bedingungen schaffen, die gänzlich von denen unterschieden sind, unter denen Frauen bisher für das Fortkommen irgendeines anderen gearbeitet haben – der dann der wirklich Handelnde war, der wirklich die Entscheidungen traf. Eine neue Integration wird nötig sein, unter neuen Leitprinzipien.

Während die Frauen diese neuen Prinzipien für sich zu definieren beginnen, heben sie zugleich andere Probleme und Fragen hervor. Diese Probleme waren zwar immer in irgendeiner Form vorhanden, doch nun verlangt die Auseinandersetzung mit ihnen ein höheres Maß an Bewußtheit und Kooperation. Der nächste Teil dieses Buches befaßt sich speziell mit einigen der Probleme, die an Bedeutung gewinnen, wenn die Frauen zu einem neuen Selbstverständnis kommen und auf der Basis dieser neuen Definition handeln werden.

Es ist vielleicht nicht unwichtig, kurz Zusammenhänge zwischen unserer Diskussion hier und den Arbeiten anderer zu diesem Themenkreis aufzuzeigen. Die beschriebenen Fälle und der hier vorgelegte Stoff entspringen meinen Erfahrungen in der psychologischen Arbeit mit Frauen aus unterschiedlichen Schichten unserer Gesellschaft. Es war äußerst interessant festzustellen, daß in jüngster Zeit Forscher anderer Wissenschaftszweige zu entsprechenden, wenn nicht gar ähnlichen Schlußfolgerungen bei Untersuchungen auf breiterer sozialer Basis gelangt sind. Arbeiten von Rosaldo,

Chodorow, Ortner u. a.[2] brachten kürzlich neue Formulierungen hinsichtlich der Position der Frauen, die trotz ihrer Verantwortlichkeit für die Notwendigkeiten des Lebens und Wachstums einen Platz außerhalb der Kultur haben. Von ihren höchst interessanten Grundthesen ausgehend, haben diese Autoren die erneute Untersuchung weiblicher Eigenschaften und Möglichkeiten begonnen.

Millman und Slater haben andere Aspekte innerhalb der Rolle der Frauen erörtert: die Frauen als »Trägerinnen« wesentlicher gesellschaftlicher Ereignisse, die Männer nicht offen anerkennen können.[3] Johnson und Johnson haben soziologisches und psychoanalytisches Material zusammengefaßt und den Ursprung sowie einige der Folgen des unterschiedlichen Reagierens auf grundlegende persönliche Bedürfnisse bei Frauen und Männern untersucht.[4] In der gleichen Arbeit unterziehen sie auch die bisher von der Soziologie angebotenen Verfahrensweisen für den Umgang mit dieser Asymmetrie innerhalb der gegenwärtigen gesellschaftlichen Einrichtungen einer kritischen Prüfung. Sie weisen nach, wie unbrauchbar diese Methoden für die Lösung der heutigen Probleme der Frauen sind. Diese und viele andere Untersuchungen aus jüngerer Zeit decken bisher unerkannte Aspekte im Leben der Frauen auf und verweisen auf die Notwendigkeit eines neuen theoretischen Rahmens, der die neu gefundenen Daten umfaßt.

Es ist ebenfalls wichtig, hier kurz die von uns angestellten Überlegungen von bestimmten anderen, ähnlich klingenden Vorstellungen abzugrenzen, von denen einige recht alt sind: zum Beispiel die chinesische Vorstellung von Yin und Yang; C. G. Jungs These von der Frau, die in jedem Mann verborgen ist, und umgekehrt; David Bakans Erörterung des Gegensatzes zwischen Wirksamkeit und Gemeinschaft.[5] Und ganz anders Christopher Lasch, der kürzlich eine Periode skizzierte, in der als Reaktion auf die erste Welle des Feminismus die Forderung erhoben würde, Frauen in öffentliche

Funktionen zu berufen, damit sie »den Gesellschaftshaushalt führen« könnten, um so ihre »Sauberkeit« und ihre moralische Integrität in die korrupte Welt einzubringen.[6]

Allen diesen Formulierungen mangelt es daran, daß sie die Ungleichheit der Macht- und Autoritätsverhältnisse zwischen Mann und Frau nicht ernst nehmen. Es ist wohl kaum die Aufgabe der Frauen, in die dominante Kultur hineinzugehen und sie von ihren Problemen »zu reinigen«. Dies würde nur eine Wiederholung des »Dienens für andere«, des »Saubermachens für andere« in anderer Form darstellen – nun eben zur Abwechslung das Säubern des »politischen Körpers«. Ebenso ist auch Jungs »im Manne verborgene Frau« nicht das gleiche wie der umgekehrte Fall. Die Vorstellung bleibt ein hübscher Gedanke, solange wir uns nicht ernsthaft fragen, wer wirklich die Welt beherrscht und wer darüber »entscheidet«, welcher Teil in jedem Geschlecht unterdrückt wird. Die Vorstellungen Jungs und anderer leugnen die fundamentale Ungleichheit und Asymmetrie, die existieren; außerdem sind sie unhistorisch. Die Frage ist: Was wurde bisher unterdrückt und kann zu diesem Zeitpunkt unserer geschichtlichen Entwicklung allmählich ans Licht kommen – und wer ist in der Lage, die unterdrückten Bereiche freizusetzen? Schließlich spiegeln diese Formulierungen selbst schon die ganze Zweiteilung der menschlichen Erfahrung. Unsere derzeitigen Teilungen und Abgrenzungen sind, so glaube ich, ein Produkt der Kultur, wie wir sie kennengelernt haben – das heißt einer Kultur, die auf einer elementaren Ungleichheit beruht. Die Zweiteilung als solche muß in Frage gestellt werden.

Teil III

Bemerkungen zu einer künftigen Lösung

Im II. Teil haben wir bestimmte psychische Qualitäten hervorgehoben, die Frauen aus dem Leben heraus, wie es bisher war, entwickelt haben. Für sich genommen, geben sie keineswegs ein vollständiges Bild der Vergangenheit, und ganz sicher reichen sie nicht für die Zukunft aus.

Im III. Teil wollen wir auf einige Elemente hinweisen, die auftauchen, wenn Frauen Schritte in ihre Zukunft tun. Diese neuen Akzente entstehen nicht de novo. *Auch sie erwachsen aus der spezifischen Erfahrung der Frauen und aus den Wertvorstellungen, die diese Erfahrung erzeugt hat.*

Quasi als Nebenthema haben wir die Ansicht mit uns mitgeführt, daß bestimmte Schlüsselbereiche im Leben der Frauen eine Parallele bilden zu dem Stoff der Psychoanalyse. Auch dieser Abschnitt zielt auf Themen ab, mit denen die Psychoanalyse und die Psychotherapie unablässig beschäftigt sind, die sie jedoch nicht als essentielle *menschliche Bedürfnisse eingestuft haben. Ich halte sie für essentiell; allerdings wird man sie wohl präziser erfassen müssen, als dies hier annäherungsweise möglich ist. Diese Bedürfnisse haben mit Kreativität und Kooperationsbereitschaft zu tun, auch mit Authentizität, Selbstbestimmung und Macht – und ebenso mit der Notwendigkeit, sich auf Konflikte einzulassen, selbst dann, wenn man eng zusammenarbeitet. Zu diesem Zeitpunkt unserer geschichtlichen Entwicklung sind dies einige (nicht alle!) der entscheidenden Faktoren für die Entwicklung der Frauen.*

Aber bevor wir diese Themen erörtern, müssen wir uns ein ganz grundlegendes Element vornehmen: das Wesen menschlicher Bindungen überhaupt. In ihrem zweiten Stadium war die Psychoanalyse ständig mit diesem Thema beschäftigt. Wie die Frage des »Dienstes am anderen« (aber sogar noch grundlegender) schließt auch dieses Thema ein fundamentales Organisationsprinzip im Leben der Frauen ein. Es hat dieselbe Zweiseitigkeit wie die bereits behandelten Themen, nur ist seine Erörterung insofern noch wichtiger, als es sozusagen der Eckstein für die zukünftigen Möglichkeiten der Frauen ist.

8. Kapitel

Bindungen an andere

Die Männergesellschaft übersieht – indem sie den Frauen das Recht auf die Haupt-»Prämie« verweigert, also auf persönliche Entfaltung gemäß dem männlichen Modell –, daß die Entwicklung der Frauen dennoch fortschreitet, nur eben auf einer anderen Grundlage. Ein zentrales Moment ist, daß Frauen in einem Kontext der Bindung und Anlehnung an andere leben, darauf aufbauen und sich darin entfalten. Das Selbstgefühl von Frauen belebt sich tatsächlich rundherum, wenn sie in der Lage sind, Anschluß und Partnerbeziehungen herzustellen und zu erhalten. Und umgekehrt bedeutet die Drohung, daß eine Verbindung zerbrechen könnte, für viele Frauen nicht nur den Verlust einer Beziehung, sondern fast so etwas wie einen totalen Verlust des eigenen Selbst.

Eine solche psychische Struktur kann Nährboden für zahlreiche Probleme sein. Depressionen zum Beispiel, die mit dem Gefühl zu tun haben, es könnte eine Bindung an eine oder mehrere Personen verlorengehen, treten bei Frauen sehr viel häufiger auf, obwohl sie natürlich auch bei Männern vorkommen.

Bisher wurde nur eines nicht erkannt, daß nämlich diese psychische Grundtatsache, Bindung zu brauchen, ebenso Ausgangspunkt für eine vollkommen andere (und fortgeschrittenere) Einstellung zu Leben und Funktionen sein kann – vollkommen anders jedenfalls als die von der herrschenden Kultur bevorzugte Einstellung. Und das hieße: Anlehnung an andere, Hinwendung zu anderen würde genauso hoch, wenn nicht sogar höher bewertet als Selbstvervollkommnung. Außerdem würde dies die Wahrheit ans Tageslicht befördern helfen: daß bei jedem – ganz gleich, ob Mann oder Frau – die individuelle Entwicklung *nur* über die Angliederung an andere erfolgt. Derzeit sind die Männer noch nicht so weit, daß sie dies *wissen.* – Hier sind eingehendere Erläuterungen nötig. Beginnen wir mit ein paar allgemeinen Beobachtungen und Beispielen, und versuchen wir später dieses komplizierte Problem zu entwirren.

Paula, eine verheiratete Frau mit Kindern, ähnelte in manchem Edith, die wir im 6. Kapitel vorgestellt haben. Auch sie war dazu erzogen worden, eine Beziehung zu einem Mann einzugehen, »der sie glücklich machen würde«, und sie hatte ihr Leben rund um die Befriedigung seiner Bedürfnisse organisiert. Ein Großteil ihres Identitätsgefühls und fast ihr ganzes Selbstwertgefühl beruhten darauf. Sie war überzeugt, daß Bill ihr »Wert verleihe«, obwohl sie Grund genug gehabt hätte, auf ihre eigenen Leistungen stolz zu sein: es hätte wohl kaum jemand einen großen Haushalt besser führen und auf jedermanns Bedürfnisse besser eingehen können als sie. Im Lauf der Jahre glaubte sie eine Minderung ihrer Bedeutung für Bill zu bemerken. Als dieser Eindruck sich verstärkte, verdoppelte sie ihre Anstrengungen, auf ihn einzugehen und ihm und seinen Interessen zu dienen: sie versuchte, ihn noch fester an sich zu binden. Das, was *sie* tat, hielt sie für nicht so wesentlich. (Dabei schaffte sie alles, was sie sich vornahm, mit Leichtigkeit und großem Erfolg.) Doch es zählte für sie nur, wovon sie glaubte, daß es Bill eng und auf Dauer an sie binden würde, und dieses wiederum, meinte sie, verleihe ihr Wert. So brachte ihr also der erfolgreiche Einsatz ihrer Energie keine direkte Befriedigung; sie bezog Befriedigung nur insofern daraus, als dieser Einsatz ihr Bills Interesse und Anteilnahme einbrachte.

Als ihre Bemühungen nicht den erwünschten Erfolg hatten, bekam Paula Depressionen, obgleich sie keinen Grund dafür wußte. Sie war angefüllt mit Gefühlen, daß sie »nicht gut« sei, daß sie »keine Rolle spiele«, daß »alles egal« sei. Sie glaubte, Bill kümmere sich nicht genug um sie, aber sie konnte keine überzeugenden Beweise für diese Gefühle beibringen. Er erfüllte seine Rolle als Gatte und Vater durchaus den üblichen Erwartungen gemäß; er sei sogar »ein besserer Gatte als die meisten«, sagte Paula. Dies irritierte sie natürlich noch mehr. Sie *wußte,* daß Bill sich um sie sorgte, aber sie konnte es irgendwie nicht *fühlen.* Schließlich kam sie zu der Überzeugung, daß mit *ihr selbst* irgend etwas Schreckliches los sein müsse. In dieser Zeit brachten ihr all die nützlichen und wichtigen Dinge, die sie tat, nicht die geringste Befriedigung.

Man kann fast sagen, daß Paulas gesamte Existenz von der Bestätigung durch Bill abhing, davon, daß er ihr sagte, sie »existiere« und ihre Existenz spiele eine große Rolle.

Paula war wie viele Patienten mit Depressionen eine sehr aktive und leistungsbewußte Person. Doch ihrer Aktivität lag ein inneres Ziel zugrunde: daß nämlich die signifikante andere Person (hier Bill) sie bestätigen und anerkennen mußte. Ohne diese Bestätigung wurde sie bewegungsunfähig und fühlte sich, als wäre sie überhaupt niemand. Was spielte es schon für eine Rolle, wie sie über sich selbst dachte? Das hatte für sie überhaupt keine Bedeutung.

Selbst Frauen mit großer Erfahrung in der »wirklichen Welt« schleppen ähnliche Grundmuster mit sich herum. Eine von ihnen, Barbara, hat eine hohe akademische Position. In Diskussionen beweist sie scharfen Verstand und unabhängiges Denken. Und doch kämpft sie innerlich mit dem Gefühl, daß alle ihre Leistungen nichts wert seien, solange es nicht jemanden gibt, der sie für wertvoll erklärt. Diese andere Person muß für sie ein Mann sein.

Beatrice, eine äußerst erfolgreiche Geschäftsfrau, die selbst hartgesottene Profis, vor denen manche Männer noch zitterten, »verkaufen« und um den Finger wickeln konnte, fragte oft: »Aber was nützt mir das alles, wenn da kein Mann ist, der sich um mich kümmert?« Und wirklich, wenn da einer war, empfand sie ihre Aktivitäten sofort als positiv und stimulierend; und fehlte ihr der Mann, verfiel sie in Depressionen. Alle ihre Erfolge zerfielen zu Bedeutungslosigkeit und verloren jegliches Interesse für sie. Sie war zwar noch immer dieselbe Person und tat das gleiche, aber sie konnte es nicht auf dieselbe Art »fühlen«. Sie kam sich leer und wertlos vor.

Kate arbeitete aktiv in der Frauenbewegung und war in ihren Überlegungen zur Situation der Frauen außerordentlich scharfsinnig. Manchmal wurde ihr schlagartig bewußt, wie dringend sie andere brauchte, und dann war sie ärgerlich über sich selbst. »Sehen Sie, ich bin ja gar nicht so fortschrittlich, wie ich dachte. Ich bin noch genauso mies wie früher. Eben wie eine Frau.«

Barbara und Kate bekamen zwar keine Depressionen, aber sie spürten im Grunde genommen doch den gleichen Faktor in sich wirken. Der Begriff Depression wird hier nur zur Verdeutlichung eines der Resultate, die dieser Faktor haben kann, verwendet. Es gibt viele andere negative Konsequenzen.

Wie wirkt Verbindung?

Alle angeführten Beispiele enthalten deutliche Hinweise auf die Bedeutung, die Verbindungen mit anderen Menschen für Frauen haben. Wir sehen, welche Probleme entstehen können, wenn alle Bindungen, soweit wir sie bisher kennengelernt haben, dem Grundmodell von Herrschaft-Unterordnung entspringen.

Psychologischer Theorie zufolge könnten alle oben angeführten Frauen als »abhängig« (in dem Sinn, daß sie andere »zu sehr« brauchen) beschrieben werden oder als in mancher Hinsicht unreif (das hieße: in der Entwicklung auf einer bestimmten frühen Stufe der Ablösung und Individuation stehengeblieben sein oder keine Autonomie erreicht haben). Statt dessen schlage ich folgende Interpretation vor: Diese Frauen stehen zwar einem Problem gegenüber, das sie stark beunruhigt, aber dieses Problem rührt daher, daß man Bindungen im Leben der Frauen für so enorm wichtig und beherrschend erklärt hat. Frauen werden in Wirklichkeit dafür »bestraft«, daß sie Bindungen eine so zentrale Rolle in ihrem Leben einräumen.

Wir haben alle zu Beginn unseres Lebens eine tiefe Anhänglichkeit an die Menschen um uns herum. Aber Männer – oder Jungen – werden gedrängt, dieses Stadium bald zu verlassen, in dem sie und ihr Geschick so eng mit dem Leben und dem Geschick anderer verknüpft sind. Mädchen indessen bestärkt man darin, in diesem Stadium zu bleiben, allerdings im Verlauf ihrer Entwicklung ihre Anhänglichkeit dann auf eine männliche Person zu übertragen.

Jungen werden dafür belohnt, daß sie andere Aspekte in sich entwickeln. Diese anderen Faktoren – körperliche Stärke oder Fertigkeiten – werden zunehmend wichtiger, verdrängen Bindungen mehr und mehr und überlagern sie vielleicht ganz. Es steht außer Frage, daß auch Frauen sich entwickeln und verändern. Doch verdrängt ihre Entwicklung nicht die Wertbegriffe, die im Einklang stehen mit der Bindung an andere. Es liegt die Vermutung nahe, daß die Parameter bei der Entwicklung der Frauen nicht die gleichen wie bei den Männern sind und daß hier nicht die gleichen Begriffe gelten. Frauen können in ihrer Entwicklung sehr weit gekommen sein und dennoch der Bindung an andere großes Gewicht beilegen.

Hier zeigt sich wieder, daß Frauen ihr Leben lang »geschaltet« sind, die Grundnotwendigkeit für menschliche Kommunikation zu übernehmen. Die Männer können sich sehr weit von der wirklichen Einsicht in diese Notwendigkeit entfernen, weil die Frauen ja darauf abgerichtet sind, für sie »einzuspringen«. Doch die Sache hat noch eine andere Seite: Die Frauen sind dadurch zugleich auch gründlicher darauf vorbereitet, bessere Lebensstrukturen zu finden, die mehr auf Gegenseitigkeit und Bindung vertrauen – und sie sind weniger stark an die derzeitigen gefährlichen Strukturen gebunden. Zum Beispiel: Mit Aggressivität kann man es in unserer Gesellschaft schon zu etwas bringen, wenn man ein Mann ist; er kann sogar sehr großen Erfolg damit haben, immer vorausgesetzt, er gehört zu den wenigen Glücklichen. Doch wenn er ständig aggressiv daherkommt, wird auch er eines Tages Ärger bekommen, und mag er sich noch so sehr im Recht fühlen. Er wird dies allerdings erst ein wenig später merken, *nachdem* er sich die Überzeugung zugelegt hat, daß Aggression ein höchst wirksames Erfolgsrezept sei. Aber dann fällt es ihm schwer, den Drang zur Aggression und den Glauben an ihre Notwendigkeit aufzugeben. Außerdem wird sie noch immer in gewisser Weise belohnt: Irgendein Eckchen findet sich immer, wo man dafür noch eine geringe Befriedigung und einigen Beifall bekommen kann, und sei es nur von Freunden in der Stammkneipe, ob man sich nun mit der sonntäglichen Fußballmannschaft identifiziert oder Frauen herumkommandiert. Dies gänzlich aufzugeben kann manch einem wie eine Entwürdigung, wie ein endgültiger Verlust vorkommen – besonders von Männlichkeit und Geschlechtsidentifikation. Wenn die Dinge nicht so laufen, wie man das gern möchte, setzt man eventuell noch mehr Aggression ein, in der Hoffnung, man könne die Situation dadurch zwingen. Dieser Versuch kann Aggression dann leicht in Gewalttätigkeit umschlagen lassen, bei dem einzelnen ebenso wie bei Gruppen. Hier liegen sogar manchmal die Wurzeln nationaler Politik, und das kann, in letzter Konsequenz, dann bis zu Kriegsdrohungen oder sogar tatsächlich zum Krieg führen.

Statt dessen kann man, und muß man letztlich, als soziales Wesen, das nun einmal mit anderen Menschen zusammen lebt und ohne sie nicht existieren kann, den anderen Menschen auch Vertrauen entgegenbringen. Frauen lernen sehr früh in ihrem Leben, daß sie ganz wesentlich auf dieses Vertrauen angewiesen sind. Sie können sich nicht auf die eigene individuelle Entwicklung, auf eigene Leistung oder

Macht verlassen. Wenn sie es versuchen, sind sie zum Scheitern verurteilt; das begreifen sie sehr früh.

Die einzige Hoffnung der Männer liegt ebenfalls in der Bindung an andere, doch bei ihnen *kann* dies auch als Behinderung, als Verlust, als Gefährdung oder doch jedenfalls als etwas Zweitbestes erscheinen. Im Gegensatz dazu erfahren Frauen durch Bindungen und Beziehungen tiefe Befriedigung und Erfüllung, haben »Erfolgserlebnisse« und fühlen sich erst dann eigentlich frei, sich anderen Dingen widmen zu dürfen.

Es ist aber nun keineswegs so, daß Männer sich nicht um zwischenmenschliche Beziehungen kümmerten oder nicht auch ein tiefes Anlehnungsbedürfnis hätten. Tatsächlich ist es genau dies, was die Praktiker auf dem Gebiet der Psychodynamik ständig finden: Beweise für solche Bedürfnisse bei Frauen wie bei Männern, die *tief unter der Oberfläche* des gesellschaftlichen Scheins verborgen liegen. Interpretiert wurde diese Beobachtung auf die unterschiedlichste Weise. Eine weitverbreitete Erklärung etwa lautet, daß Männer ihr Leben lang auf der Suche nach ihrer Mutter seien. Ich glaube nicht, daß es *eine* Mutter *als solche* ist, die sie suchen. Ich meine, daß Männer sich nach einer bindungsorientierten Lebensweise sehnen – einer, bei der man nicht unbedingt zur Mutter zurückkehren müßte, wenn man zu einer größeren menschlichen Gemeinschaft finden könnte. Die Männer haben sich das selbst vorenthalten, sie haben es den Frauen überlassen. Aber was besonders wichtig ist: sie haben sich selbst um die Fähigkeit gebracht, wirklich daran zu *glauben.* Es stimmt, solange sie mit ihren Müttern waren, konnten sie wirklich an Bindung glauben und darauf bauen. Aber sobald sie in die Zuständigkeit des männlichen Modells geraten, erwartet man von ihnen, daß sie diesen Glauben und sogar das Verlangen nach Bindung ablegen. Männer werden angehalten, diesen Glauben über Bord zu werfen, ihn sogar in sich selbst zu verurteilen und ihr Leben auf etwas anderes zu gründen. *Und dafür, daß sie dies tun, werden sie dann belohnt.*

Nahezu einstimmig beklagt man heute die Entfremdung des Menschen in der »westlichen Kultur«, seinen Mangel an Kommunikation, seine Unfähigkeit, die Gesellschaft nach humanen Zielen einzurichten. Wir sind am Ende des Weges angelangt, der auf dem Grund männlicher Zielvorstellungen angelegt war: Fortschritt um jeden Preis, Einsatz aller Mittel, schärfster Konkurrenzkampf, wenn nötig Vernichtung des Konkurrenten. Gelegenheit, die entsprechenden männlichen »Tugenden« voll auszuleben, hatten zwar immer nur ganz wenige, aber man hielt sie allen Männern als erstrebenswerte Leitvorstellungen vor Augen. Und da die Männer bemüht waren, sich anhand dieser Ideen zu begreifen, richteten sie ihre psychische Organisation entsprechend ein.

Es mag sein, daß wir eine bestimmte Stufe der »Herrschaft« über unsere physische Umwelt oder ein bestimmtes technologisches Niveau erreichen mußten, um nicht nur die Grenzen, sondern auch die akute Gefahr einer so beschaffenen gesellschaftlichen Organisation zu erkennen. Andererseits wäre auch denkbar, daß wir diesen langen Weg niemals hätten gehen müssen; vielleicht war er ein völlig unnötiger, ungeheurer Umweg. Es scheint heute klar, daß wir zum Vertrauen auf Bindungen und Zusammenarbeit zurückkehren müssen – und zwar aus der sicheren Erkenntnis heraus, daß Bindung und Zusammenarbeit eine Grundvoraussetzung für die Existenz von Menschen sind. Die Fundamente für diese wohl absolut notwendigen nächsten Schritte, wenn wir in unserer westlichen Welt überleben wollen, stehen bereits zur Verfügung.

Ein tiefgreifender sozialer Fortschritt kann von den Zielen der Frauen ausgehen, dadurch daß Frauen die Belange von Frauen vertreten. Sie tun es bereits. Auch dies hat wieder nichts mit angeborenen biologischen Eigenschaften zu tun. Es ist vielmehr eine Frage der psychischen Strukturen, die beim augenblicklichen Stand unserer gesellschaftlichen Entwicklung von den beiden Geschlechtern unterschiedlich gelebt werden – und es geht um die Frage, wer die Motivation bieten und die Richtung weisen kann, um von hier aus weiterzugehen.

Die Schwierigkeit dabei ist nur, daß das starke Verlangen der Frauen nach Bindung sowohl eine fundamentale, für die gesellschaftliche Entwicklung ganz wesentliche Kraft darstellt, als auch gleichzeitig und unvermeidlich die Ursache zahlreicher Probleme von Frauen heute ist. Das heißt: Die Frauen haben eine psychische Basis für eine bessere gesellschaftliche Existenz gesucht und auch schon gefunden, doch sind sie noch nicht fähig, diese wertvolle Basis auch tatsächlich voll zu nutzen, so daß Erfolge schon sichtbar wären. Infolgedessen ist es ihnen bisher auch nicht möglich, dieses wertvolle Potential zu schätzen oder auch nur zu erkennen. Im Gegenteil, wenn Frauen von dieser psychologischen Motivation aus agieren, führt sie das gewöhnlich in Unterwürfigkeit. Schließlich waren die einzigen Bindungen, die ihnen zugänglich waren, immer Bindungen der dienstbaren Abhängigkeit. In vielen Fällen bringt die Suche nach Beziehungen bei Frauen schwerwiegende emotionale Probleme mit sich. Die werden dann häufig mit dem Etikett Neurose oder mit ähnlichen Bezeichnungen versehen.

Dabei ist aber sehr wichtig zu erkennen, daß auch die sogenannten Neurosen den Keim in sich bergen können und oft tatsächlich bergen, nämlich zu einer Suche nach einer besseren Form der Existenz. Das Problem ist nur gewesen, daß Frauen Bindungen angestrebt haben, die im Rahmen der gegenwärtigen Ordnungen unmöglich zu realisieren waren, daß sie aber dabei bereitwillig ganze Bereiche ihres Selbst geopfert haben. Und so kamen Frauen zu dem Schluß (wie wir Frauen das so leicht tun), daß sie wohl im Unrecht sein müßten oder, wie es moderner heißt, »krank« wären.

Wir haben zwei verwandte Themen aufgeworfen: das eine ist ein soziales und politisches, das andere ein eher psychologisches. Im einen Fall geht es um die Frage, wie Frauen Formen der Bindung finden können, die ihnen ihre Selbstverwirklichung ermöglichen und Frauen zugleich helfen, auf diese Stärke, daß sie nämlich eine echte Veränderung in der sogenannten »wirklichen Welt« bewirken können, zu bauen. Und zweitens, bis dieses Ziel erreicht ist – aber auch während der Bemühungen darum: Wie können wir die psychologischen Ereignisse unseres Lebens besser verstehen? Können wir besser begreifen, warum wir leiden? Zumindest sollten wir lernen, uns endlich nicht mehr selbst zu schaden, indem wir unsere eigenen Stärken und Vorzüge verurteilen.

Um die Situation ein wenig besser zu verstehen, lassen Sie uns noch einmal zu den Frauen zurückkehren, von denen wir zu Beginn dieses Kapitels gesprochen haben. Ihnen allen ist eines gemeinsam: der Mangel, oder besser: die Unfähigkeit, ihre eigenen Gedanken, Gefühle und Handlungen richtig einzuschätzen und zu würdigen. Es ist, als hätten sie das Gefühl überhaupt verloren, daß durch die eigene Person und ihre Kräfte Befriedigung möglich sei – oder noch eher, als hätten sie auch niemals wirklich das Recht dazu gehabt. Wie Beatrice es ausdrückte: es gibt das Gefühl, »daß da der andere sein muß«. Wenn sie allein ist, hat ihr Sein und ihr Tun nicht die volle Bedeutung; sie »trocknet aus«, fühlt sich leer und mies. Es ist nicht so, daß Beatrice unbedingt einen anderen Menschen braucht, um sich durch ihn widerzuspiegeln und zu erfahren (sie ist ja effektiv sehr geschickt und genau in der Beurteilung ihrer Probleme). Nein, ihr Bedürfnis scheint noch tiefer zu liegen. Wenn sie keinen anderen Menschen neben sich hat, verliert alles – Gedanken, Gefühle, Leistung oder was es auch sei – seine Bedeutung für sie, und macht nichts ihr mehr Spaß. Sie fühlt sich nicht etwa bloß als »halbe« Person, die nur eben die volle Befriedigung nicht findet und eine andere Person braucht, doch immerhin eine gewisse Befriedigung aus ihrer »eigenen« Hälfte beziehen könnte. Sie fühlt sich, als wäre sie überhaupt niemand – jedenfalls nicht jemand, auf den es ankommt. Sobald sie jedoch daran glauben kann, daß sie etwas mit jemand anderem und *für* jemand anderen tut, tritt ihr Selbst in Aktion, empfindet sie sich nicht mehr als unzulänglich, sondern als richtig und wertvoll.

Die Frauen in diesem Kapitel sind keineswegs sogenannte »symbiotische« oder unreife Persönlichkeitstypen. (Überhaupt sollte man derartige Typisierungen erneut überprüfen, soweit es sich um Frauen handelt!) Sie sind durchaus in ihrer Entwicklung fortgeschrittene, fähige Menschen, die man nicht in Kategorien dieser Art unterbringen sollte. Auch die gängigeren Formulierungen wie »Suche nach Bestätigung« oder »Angst vor Mißbilligung« treffen die Situation nicht wirklich, wenn diese Dinge auch eine Rolle spielen.

Die allgemeine Überzeugung, daß man einen anderen Menschen in besonderer Weise braucht, wirkt sich je nach Charakter und Temperament unterschiedlich aus. Im einen Fall kann sie im Extrem auch zu Depressionen führen. Darum sind vielleicht die Erfahrungen der Frauen in unseren Beispielen geeignet, uns ein wenig mehr über Depression zu sagen und einige ihrer Aspekte verständlich zu machen. Paula und Beatrice litten an Depressionen, aber bei anderen Frauen treten wieder ganz andere Erscheinungen auf.

Wahrscheinlich würde jeder, der sich ein bißchen in der Psychologie auskennt, bereitwillig zugeben, daß wir bisher »Depression« nicht restlos begreifen (wie übrigens auch alles andere, was auf diesem Gebiet vor sich geht). Im allgemeinen scheint Depression mit einem Sperregefühl zusammenzuhängen, als sei man unfähig zu tun oder zu erreichen, was man will. Die Frage ist nur: Was ist es, was man wirklich will? Dabei finden wir schwierige und komplizierte Depressionen, die scheinbar »keinen Sinn ergeben«. An der Oberfläche kann es sogar so aussehen, daß eine Frau alles hat, was sie will. Oft stellt sich dann jedoch in der Analyse heraus, daß sie statt dessen nur hat, was man sie glauben gemacht hat zu wollen. (Für viele junge Frauen des Mittelstandes waren dies das eigene Haus am Stadtrand, ein »netter« Ehemann und Kinder.) Wie soll man da herausfinden, was man wirklich möchte? Und warum man sich so nutzlos und hoffnungslos fühlt?

Hier könnten uns die Erfahrungen von Beatrice weiterhelfen. Sie sagte einmal, sie habe versucht, die ihr wichtige andere Person unlösbar an sich zu binden, und habe für diese absolute Bindung eine Garantie gesucht. Sie war alles andere als passiv, abhängig oder »hilflose Frau«; aber sie richtete alle Kraft auf dieses Ziel, das sie glaubte erreichen zu müssen. Zwar brauchte sie gar nicht unbedingt *diese* Art Beziehung, aber tief innen war sie sich dessen keineswegs so sicher. (Oft nahm ihre Bemühung um dieses Ziel drastische Formen an und grenzte an Manipulation. Zwar verfolgte sie ihre Absicht nicht offen und verhehlte sie auch vor sich selbst, doch die Menschen um sie herum merkten sie nur allzu deutlich.)

Beatrice hatte insgeheim die Überzeugung gefaßt, daß alles, was sie tue, in Ordnung sei *nur* dann, wenn sie es für diese andere Person und nicht für sich selbst tue. Vor allem hatte sie das Gefühl verloren, daß die Erfüllung der eigenen Wünsche oder Bedürfnisse ihr *jemals* Befriedigung geben könne. Fast ist es, als habe sie das innere »System« verloren, mit dem Ereignisse wahrgenommen und registriert werden und das anzeigt, ob die Ereignisse *sie* glücklich oder zufrieden machen. Die Wahrnehmung dessen, was befriedigend sein könnte, hatte sich verschoben; Befriedigung findet sie nun nur durch das Gefühl, daß sie die andere Person in einer bestimmten Partnerbeziehung an sich gebunden halten kann. Nur dann fühlt sie sich stark und in Ordnung. (In komplizierteren Depressionen wie im Fall Beatrices ist es möglicherweise gar nicht einmal die Partnerperson als solche, die man an sich zu binden sucht, sondern das Bild von dieser *Art* Beziehung, die man zu brauchen glaubt. So müssen zum Beispiel Frauen, deren Kinder erwachsen sind, nicht unbedingt die Kinder wirklich zurückbehalten wollen, sondern meinen, sie müßten weiter wie bisher eine so enge Mutter-Kind-Beziehung haben. In Wahrheit braucht man vielleicht eine derartige Beziehung überhaupt nicht; aber die Überzeugung ist stark, und wenn eine Frau lange Zeit ihr Seelenleben darauf eingestellt hat, wird sie diese Vorstellung nicht leicht aufgeben. Außerdem hat sie inzwischen längst den Glauben verloren, daß ihr irgendeine andere Art von Beziehung möglich sei.)

Ein weiterer Aspekt von Beatrices Problem war die große Wut, die sich in ihr anstaute. Wie vielen anderen Frauen fiel es ihr schwer, sich, zur Bewältigung des Problems, den eigenen Zorn einzugestehen, geschweige denn ihn auszudrücken. Dennoch wurde sie sofort wütend, wenn die Partnerperson irgend etwas tat, was eine Änderung der Bindung anzudrohen schien. Es ist einleuchtend, daß eine solche innere Situation sehr leicht zu Zornausbrüchen führen kann. Wie sollte sie auch nicht auf jene andere Person wütend werden, der sie soviel Kontrolle über das eigene Leben eingeräumt hatte? Aber Beatrice bekam wegen ihres Zornes nur noch tiefere Depressionen. Doch obwohl sie so unglücklich war, konnte sie nicht wirklich glauben, daß es für sie ein anderes Leben geben könne.

Wie Beatrice sind Menschen, die zu Depressionen neigen, oft sehr aktiv und energisch; aber ihre Aktivität muß sich als etwas begreifen lassen, von dem andere profitieren. Überdies ist sie ganz auf ein einziges Ziel konzentriert – Bindung zu suchen in der einzigen Form, die möglich scheint: »Ich will alles tun, wenn du mir nur erlaubst, in dieser Verbindung zu dir zu bleiben.«

Einige andere Aspekte der Depression können vielleicht auch noch zum Verständnis beitragen. Man weiß seit langem, daß es sogenannte paradoxe Depressionen gibt, die meist bei Männern beobachtet werden. Sie treten auf, wenn ein bisher in seinem Beruf kompetenter Mann befördert wird oder sonstwie aufsteigt, was ihn doch aller Erwartung nach glücklich und sogar noch einsatzfreudiger machen sollte. Derartige Depressionen spiegeln eventuell die Tatsache wider, daß das Individuum sich in seiner Selbstbestimmung alleingelassen sieht; er ist selbst für das verantwortlich, was geschieht. Er, der verantwortliche Mann, tut es nicht für jemand anderen noch auf Anweisung eines anderen. »Beförderungsdepressionen« bei Frauen sind seltener, einfach weil Frauen kaum befördert werden. Dennoch zeigte sich im Fall von Beatrice, die Exzellentes leisten konnte, solange sie wenigstens einen Menschen in einer überlegenen Position um sich hatte, eine sehr vergleichbare Psychodynamik. Sie erlaubte sich grundsätzlich nie die führende Position, obwohl man sie ihr schon mehrmals angeboten hatte.

Ein ähnlicher Prozeß ist vielleicht für ein Phänomen ausschlaggebend, das in der Psychoanalyse vorkommt. Seit langem ist bekannt, daß Menschen sogenannte »negative therapeutische Reaktionen« zeigen können. Das heißt, daß sie zunächst großartige Fortschritte machen, aber danach auffällige Verschlechterungen erleben. Bonime meint, daß viele dieser Reaktionen eigentlich Depressionen seien und daß sie auftreten, wenn eine Person einen großen Schritt unternommen hat, die Verantwortung und Bestimmung für ihr/sein eigenes Leben zu übernehmen.[1] Die Person hat gesehen, daß sie/er sich aus einer Position der Unfähigkeit befreien und erfolgreich in ihrem/seinem eigenen Interesse handeln kann, dann aber bekommt sie/er plötzlich Angst vor dem, was diese neuen Möglichkeiten mit sich bringen können. Dies würde zum Beispiel bedeuten, daß diese Person die alten Beziehungen der Abhängigkeit nicht mehr wirklich braucht. Davor bekommt sie/er Angst, zieht sich zurück und weigert sich, den neuen Weg mitzugehen. Solche »Rückzieher« sind sowohl bei Männern wie bei Frauen zu beobachten, nur ist für Frauen diese Situation eine alte Geschichte, sehr ähnlich dem, was in ihrem Leben ohnehin vorgeht.

Für Frauen läßt sich aus diesen zwei Beispielen wohl folgendes lernen: »Wenn ich mir erlauben würde, mein Leben und seine Ziele selbst zu bestimmen, statt diese Aufgabe anderen zu überlassen, könnte ich dann in Sicherheit existieren? Zufrieden sein? Und wer würde mich jemals lieben oder mich auch nur tolerieren, wenn ich so handelte?« Erst wenn man sich mit diesen Fragen auseinandergesetzt hat (und wenigstens bis zu einem gewissen Grad mit ihnen fertiggeworden ist), kann man die viel wesentlichere Frage stellen: Was will ich eigentlich wirklich? Und auch diese Frage wird nicht immer leicht zu beantworten sein. Die meisten Frauen sind durch Erziehung viel zu weit von einem Denken in solchen Begriffen abgelenkt worden. Oftmals ist eine mühselige Selbsterforschung erforderlich, doch meistens stellt sich heraus, daß tiefempfundene Bedürfnisse vorhanden sind, die überhaupt nicht angerührt werden. Dann kann man beginnen, diese Wünsche einzuschätzen und Mittel und Wege zu suchen, wie sie erfüllt werden könnten. Und *erst dann* wird man endlich begreifen, daß in dieser Richtung eine Möglichkeit der Befriedigung liegen kann. Außerdem wird einem dann auch meistens klar, daß man jene Art Bindung, die man für so unendlich wichtig gehalten hatte, wohl gar nicht braucht oder wünscht.[2] Doch da der eben beschriebene Prozeß der Selbsterforschung so vielfach vereitelt wird, ist es plausibel, warum Frauen für Depressionen geradezu prädestiniert erscheinen.

Zahlreiche Komplikationen kommen zusammen und belasten die Situation für Frauen noch mehr, wie im Fall von Beatrice. Wenn jemand überzeugt ist, daß Sicherheit und

Befriedigung aus besonders gearteten Beziehungen erwachsen, dann wird er sich eben unablässig bemühen, Menschen und Situationen in die entsprechenden Formen zu pressen. So mühte sich Beatrice ständig damit ab, einen Mann in eine solche Beziehung zu bringen. Sie hatte ein regelrechtes Aktionsprogramm, aber mit diesem Programm legte sie sich zugleich selbst Fesseln an. Eben deshalb sind seelische Störungen die schlimmste Art von Sklaverei, weil man selber zum Werkzeug der eigenen Versklavung wird; man verwendet unendlich viel der eigenen Energie darauf, die eigene Niederlage herbeizuführen.

Alle Formen der Bedrückung haben die Tendenz, die Menschen noch selbst an der eigenen Versklavung mitwirken zu lassen. Besonders bei Frauen nimmt dieses Mitwirken unausweichlich psychologische Formen an und führt dann oft zu den sogenannten Neurosen oder zu ähnlichen Dingen. (Männer haben natürlich auch seelische Schwierigkeiten, wie wir alle wissen; und die Schwere dieser Konflikte ist durchaus vergleichbar, aber sie nehmen eben andere Wege.)

So gesehen, werden psychische Probleme also nicht so sehr vom Unbewußten verursacht, sondern vielmehr von einem Mangel an vollem Bewußtsein. Wenn wir Wege hätten, zu einem besseren Bewußtsein unser ganzes Leben über zu kommen, wenn wir genauere Begriffe für die Erfassung der Wirklichkeit hätten (in jeder Altersstufe), wenn wir einen besseren Zugang zu den Gefühlssphären und Methoden hätten, unsere wahren Wünsche zu erkennen – wenn wir dies alles hätten, dann könnten wir bessere Handlungsmodelle entwickeln. Aber da uns dieses umfassende Bewußtsein fehlt, müssen wir eben mit dem Vorhandenen neue Vorstellungen schaffen. Für Frauen gibt es bisher nur verdrehte Vorstellungen von der Wirklichkeit und den Möglichkeiten, Fähigkeiten und Chancen des Menschen. (Die Vorstellungen für Männer könnte man als noch verzerrter ansehen. Doch sind die möglichen Aktionsprogramme und die sich daraus ergebende Dynamik verschieden.)

Sogar die Begriffe, in denen wir denken, spiegeln in erster Linie die Vorherrschaft eines bestimmten Denkmodells wider – und nicht notwendig die Wahrheit über das wirkliche Geschehen. Dies gilt für die Kultur im allgemeinen und für die psychologische Theorie ebenso. Wir brauchen eine Terminologie, die nicht auf den ungeeigneten Resten aufbaut, die von der Situation der Männer übrigbleiben. Selbst ein Wort wie *Autonomie,* das viele von uns so gern verwenden, wird vielleicht eine Neufassung für Frauen brauchen. Der Begriff beinhaltet – für Frauen eine Bedrohung –, daß man das Aufgeben von Bindungen in Kauf nehmen sollte, um ein selbständiges und sich selbst bestimmendes Individuum zu werden. Und tatsächlich gefährdeten und gefährden Frauen, die sich dazu durchgerungen haben, starke und unabhängige Persönlichkeiten werden zu wollen, viele Beziehungen – Beziehungen, in denen der Partner eine sich selbst bestimmende Frau nicht tolerieren kann. Aber wenn Männer Autonomie für sich beanspruchen, dann ist niemals die Rede davon, daß ihre Beziehungen bedroht sein könnten. Im Gegenteil, es besteht berechtigte Aussicht, daß ihre Selbstverwirklichung ihnen Beziehungen eintragen wird. Die anderen – und meist sind es die Frauen – scharen sich freudig um sie und unterstützen ihre Bemühungen um Selbstvervollkommnung, und die anderen Männer respektieren und bewundern sie. Da Frauen sich ganz anderen Konsequenzen gegenübersehen, scheint ihnen das Wort *Autonomie* möglicherweise gefährlich; es ist ein Begriff, der sich von der Entwicklung der Männer, nicht von der der Frauen herleitet.

Die automatische Übertragung eines Begriffes wie Autonomie als Ziel für Frauen könnte noch in einem anderen Sinn problematisch sein. Frauen suchen ja gerade nach etwas, das vollkommener ist als die Autonomie, wie sie für Männer definiert ist, eine bessere, nicht eine mindere Fähigkeit, Beziehungen zu anderen Menschen mit Selbstverwirklichung zu vereinen. So müßten viele unserer Begriffe neu überprüft werden.

Zahlreiche Frauen sind heute dazu übergegangen, den Charakter ihrer Bindungen selbst zu bestimmen und sich die entsprechenden Partner zu wählen. Aber sobald sie diesen Schritt versuchen, merken sie, daß die gesellschaftlichen Einrichtungen ihnen im Wege stehen. Tatsächlich stellen sie sich bereits außerhalb der bestehenden gesellschaftlichen Normen, wenn sie nach neuen Normen auch nur Ausschau halten. Aber sie fühlen sich heute nicht mehr als soziale Außenseiter oder wieder einmal im Unrecht, sondern als Suchende. Es ist nicht immer angenehm, in dieser ungewohnten Lage zu sein, aber es ist auch nicht gänzlich unerfreulich: denn es bringt mit der Zeit eigene, ganz andere Belohnungen ein. Denn hier in der direkten Auseinandersetzung um alte und neue Lebensformen finden Frauen heute eine Gemeinschaft, finden sie andere, die auch suchen und die gleichen Ziele verfolgen. Keine Frau kann diese gewaltige Aufgabe allein angehen. (Selbst wenn wir die Methode zur Bewältigung dieser Aufgabe genau wüßten – was wir nicht tun –, es würde in diesem Fall keineswegs genügen.) Äußerst wichtig ist die Erkenntnis, daß das Verlangen nach Bindungen, das Frauen in sich fühlen, weder falsch noch etwa rückständig ist. Frauen sollten nicht noch zu ihrer eigenen Verurteilung beitragen. Im Gegenteil, wir sollten dieses Streben als die positive Kraft anerkennen, die es ist. Außerdem können wir anfangen, Beziehungen zu wählen, die ein beiderseitiges Weiterkommen gewährleisten. Im nächsten Kapitel wollen wir uns solche Beispiele ansehen.

Es gibt noch andere schwer zu beantwortende Fragen. Wie sollen wir eine Gesellschaft konzipieren, die sowohl die Entwicklung wie die wechselseitige Beziehung aller Menschen erlaubt? Und wie sollen wir sie dann verwirklichen? Wie können Frauen aus ihrer machtlosen und unterbewerteten Position herauskommen und zu voll anerkannter Wirksamkeit finden? Wo sollen wir die Macht hernehmen, das durchzusetzen, auch wenn wir Macht nicht wollen oder brauchen, um andere zu kontrollieren oder zu unterdrükken? Es würde schon schwer genug sein, wenn wir bei Null anfingen, aber nicht einmal das ist der Fall. Wir beginnen an einem Punkt, wo die anderen Macht besitzen und keineswegs zögern, sie anzuwenden. Auch wenn sie ihre Macht nicht bewußt gegen Frauen einsetzen: sie brauchen nur in ihren Herrschaftspositionen zu bleiben, brauchen nur weiterhin zu tun, was sie bisher getan haben, und nichts wird sich ändern. Die besonderen Qualitäten der Frauen, die ich für wertvoll und wesentlich halte, und zwar für jede Zeit, sind eben leider nicht die, mit denen man in der Welt, wie sie zur Zeit ist, Macht erlangt. Aber wie können wir dann diese Qualitäten einsetzen, um unsere Wirksamkeit zu stärken, anstatt uns von ihnen daran hindern zu lassen zu handeln?

Zum Teil scheint die Antwort bereits klar zu sein. Frauen werden nichts erreichen, es sei denn, sie schließen sich zu gemeinsamer Aktion zusammen. Nicht so klar macht man sich allerdings, daß es bisher ja auch noch keine andere Gruppe gegeben hat, die die Vorteile einer weiblichen Führung kennengelernt und die spezifischen weiblichen Vorzüge erfahren hätte. In unserer Kultur werden diese »Stärken« meist versteckt, und zwar auch vor den Frauen selbst. Ich habe hier eine dieser Stärken, die Hinwendung zu anderen, besonders hervorgehoben – und damit gerade *jene,* die für eine Gruppenaktion am wichtigsten ist. Im Unterschied zu anderen Gruppen *müssen* Frauen Bindung an andere und die eigene Stärke nicht als Gegensätze ansehen. Wir Frauen können sehr gut beides miteinander vereinbaren und nach besseren Methoden suchen, Bindung zu nutzen, um Stärke zu entwickeln, und umgekehrt, Stärke einzusetzen, um Bindungen zu festigen.

Wenn Frauen aus Partnerbeziehungen Stärke beziehen

wollen, ist eine Umwandlung und Neustrukturierung dieser Beziehungen erforderlich. Die wesentlichsten neuen Bestandteile sind Selbstbestimmung und die Möglichkeit, diese Selbstbestimmung auch zu verwirklichen. Aber bevor sie zu diesem wichtigen Thema kommen, sehen sich viele Frauen erst noch anderen Fragen gegenüber: »Wenn ich Selbstbestimmung wünsche, was will ich dann eigentlich wirklich bestimmen? Was will ich? Und wer bin ich eigentlich?« Daß diese Fragen so schwer zu beantworten sind, hat Frauen oft entmutigt, sich mit ihnen überhaupt zu befassen. Diese Entmutigung tritt sogar bei Frauen auf, die davon überzeugt sind, daß irgend etwas an der alten sozialen Einteilung vollkommen falsch ist. Wenn man die historische Entwicklung bedenkt und wie ausschließlich sich das Leben der Frauen um die Bedürfnisse anderer drehte, ist leicht einzusehen, warum solche Fragen so wichtig sind und warum sie aus einem so besonders versteckten Bereich in der weiblichen Psyche kommen. Im nächsten Kapitel wollen wir dieser Frage unter dem Oberbegriff der Authentizität nachgehen.

Es ist wichtig hinzuzufügen, daß unsere Diskussion über die Bedeutung von Bindungen für Frauen keinesfalls erschöpfend ist. Auch ist keines der damit zusammenhängenden schwierigen Probleme, wie etwa Depressionen, ausführlich behandelt worden. Es ist eher ein Versuch, einen Themenkomplex zu entwirren, der dringend neu untersucht werden müßte, und wird hoffentlich dazu beitragen, weitere Auseinandersetzungen mit diesem Gegenstand anzuregen.

9. Kapitel

Selbstwerdung – Authentizität, Kreativität

Für Frauen wie für bestimmte andere Gruppen innerhalb der Gesellschaft galt Selbstverwirklichung – Authentizität – noch bis vor kurzem als kaum ein ernsthaft zu erörterndes Thema, obwohl sie für die Angehörigen der dominanten Kultur an außerordentlich prominenter Stelle unter ihren Belangen steht. Authentizität und Unterordnung sind völlig unvereinbar. Ein merkwürdiger Zug im männlichen Verständnis von Authentizität hat die Tatsache verschleiert, daß Partnerbeziehungen zu größerer, statt geringerer Authentizität führen können. Wir können dies anhand der Erfahrungen von Jane erläutern: Jane ist Fabrikarbeiterin und Mutter, sie lebte früher von der Sozialfürsorge. Hinweise auf das Leben und die Erfahrungen anderer Frauen sollen danach die Gemeinsamkeiten inmitten der individuellen Verschiedenheit der Einzelfälle aufzeigen.

> »Jetzt spüre ich in mir ein Zentrum, und das bin ich selber. Ich weiß jetzt, wenn ich aus diesem Gefühl heraus handle, anstatt aus dem anderen (dem früheren Gefühls- und Handlungsmodus). Es fällt mir noch immer schwer, aber wenn ich von diesem Zentrum aus agiere, ist es eben ein ganz anderes Gefühl.«

Diese Aussage faßt eine lange Geschichte zusammen. Es begann, als Jane einen neuen bedeutungsvollen Schritt wagte: sie begann ihren Arbeitskolleginnen direkt und in aller Ehrlichkeit zu begegnen.

Bei Jane hatten sich gegenüber ihren Kolleginnen in der Fabrik Kritik und Verärgerung angestaut. Da sie merkte, wie die Kluft zwischen ihr und ihnen immer tiefer wurde, faßte sie schließlich Mut und versuchte einer ihrer Kolleginnen zu erklären, was sie auf dem Herzen hatte. Dies war das erste Mal, daß sie anderen gegenüber solche Unmutsgefühle aussprach. Rückblickend schildert sie ihre Erfahrung so:

»Ich merkte, daß ich wirklich eine Heidenangst hatte, dieser Frau ins Gesicht zu sagen, daß ich wütend auf sie war. Das hatte ich nicht gewußt. Ich habe mich früher nie um Frauen gekümmert. Ich dachte immer, daß man mit Männern am besten zurechtkommt. Und ich kam gut mit ihnen zurecht. Männer waren einfach zu nehmen. Man braucht sich nie direkt mit ihnen auseinanderzusetzen. Ich konnte mich bei ihnen immer hinter meiner ›Weiblichkeit‹ verstecken. Ich verstand mich gut auf dieses Spiel. Es war so eine Gewißheit dabei.

Oh, ich weiß, die Männer mochten mich, weil ich gut aussehe. Es schmeichelte ihrer Eitelkeit, mit einem hübschen Mädchen gesehen zu werden. Sicher, ich wußte immer, daß ich gut aussah, meistens war ich das bestaussehende Mädchen von allen, und ich konnte so ziemlich jeden Mann kriegen, den ich haben wollte.

Frauen hielt ich für uninteressant. – Ich war zu den Männern auch immer nett, machte Spaß mit, war immer angenehm und bequem für sie. Wenn es je mit einem Schwierigkeiten gab, dann machte ich meist schnell einen Rückzieher. Das war gar nicht geheuchelt. In mir war immer so ein tiefes Angstgefühl, daß ich irgendwie im Unrecht sein müßte, ganz gleich, worum es sich handelte. So stellte ich für Männer niemals eine echte Bedrohung dar; Männer hatten mit mir niemals Ärger.

Mit Frauen war das anders. Mit Frauen gab es kein Versteckspielen und das ganze Theater. Also habe ich sie einfach überhaupt nicht beachtet. Sie spielten ja sowieso keine Rolle.

Aber jetzt habe ich diesen Mittelpunkt gefunden, den ich als mich selbst erkenne. Allerdings frage ich mich wirklich: können Männer eine Frau akzeptieren, die aus so einem Kern heraus handelt? Joe kann es nicht (Joe war zu der Zeit Janes Freund.). Und er ist bestimmt kein Mann, der hinter seiner Fassade und dem ganzen Getue von Kerl sehr schwach wäre. Vielleicht sogar einer, der über Selbstgefühl verfügt und sehr stabil ist. Aber Sie wissen, ich bin keine besonders gute Gesellschaftskritikerin, doch ich sehe nicht allzu viele Leute wie ihn, wenn ich mich so umschaue.«

Die Anfänge eines wachsenden Authentizitätsgefühls lassen sich bei Doris, einer Frau, die eine ganz andere Lebenssituation als Jane hatte, vielleicht aus einem scheinbar unbedeutenden Ereignis in ihrem Leben ablesen. Sie war Rechtsanwältin, ihr Mann gleichfalls Anwalt. Sie arbeiteten zusammen, und wer sie kannte, würde sie beide für außergewöhnlich fähige Leute gehalten haben. Dabei wurde Doris sogar meist noch als »die stärkere Hälfte« angesehen. Zusätzlich zum Beruf erledigte sie nahezu alle Aufgaben im Haushalt und half ihrem Mann oft über »Tiefs« hinweg. Zu einem großen Teil rührte ihre Stärke von ihrer »Emotionalität« und ihrer Bereitschaft, sich auf Gefühle einzulassen, her.

Wenn irgend etwas sie beunruhigte, konnte sie sich offenbar auf ihre Gefühle zurückziehen, war imstande, sie auszudrücken, und fand schließlich in eine Position, von der aus sie die Situation gut erfassen und die beste Lösungsmöglichkeit finden konnte. Zwar fühlte sie sich nicht immer in der Lage, ganz direkt und offen mit ihrem Chef oder ihren Kollegen umzugehen, doch »nachdem sie es zu Hause ausgeschwitzt« hatte, fand sie meist einen Weg, mit fast jeder Situation zurechtzukommen. In letzter Zeit allerdings bekam Doris das Gefühl, daß ihr Mann ihre Ausdrücklichkeit und Expressivität nur noch mit Mühe ertrug, sie herablassend behandelte – auch wenn er diese Einstellung niemals in Worten äußerte. Dies nagte am meisten an ihr, da sie überzeugt war, ihm ihrerseits in vieler Hinsicht beizustehen und Stütze zu sein.

Eines Abends, nach einem besonders schweren Tag mit ihren Kollegen, erzählte sie ihrem Mann, wie durcheinander sie sei:

»Er hörte etwa zehn Minuten lang zu. Das ist so sein Limit. Dann sagte er: ›Ach, laß dich doch von den Mistkerlen nicht verrückt machen.‹ Solche Reden sind mir gleich verdächtig. Das klingt gut und fast so, als wollte er mir helfen. Aber in Wirklichkeit bedeutet es: ›Ach, halt die Klappe! Mir reicht's!‹ Und ich lasse es dann meist dabei bewenden. Aber diesmal konnte ich nicht. Ich kochte eine Zeitlang innerlich vor mich hin, dann sagte ich ihm, was ich wirklich dachte. Zuerst flüchtete er sich in Entschuldigungen: ›Es war doch schon so spät.‹ Er sagte sogar ein paar Nettigkeiten, wie: ›Ich wollte dir damit ja gerade sagen, daß du natürlich im Recht bist.‹ Auch an diesem Punkt hätte man den Streit noch leicht abwenden können. Aber ich erklärte ihm, daß ich seine Worte für Ausflüchte hielte und daß ich das Gefühl hätte, er könne es nicht ertragen, wenn ich mich so in meinen Gefühlen herumwälze.

Nach zehn Minuten gab er es zu. ›Ja, richtig. Ich habe genug davon.‹ Auch dies war bereits ein großer Fortschritt, weil es ihm schwerfällt, etwas zurückzunehmen, was er einmal gesagt hat. Er möchte immer recht haben; also ist es für ihn schon schwer, immerhin soviel zuzugeben. Danach sprachen wir ziemlich lange darüber. Und irgendwie konnten wir das Ganze wieder glattbügeln. Ich fühlte mich prima und konnte ein wenig schlafen. (Schlaflosigkeit war eines von Doris' Problemen gewesen.)

Früher gaben mir solche Szenen immer so etwas wie eine Erlaubnis, mich mißhandelt zu fühlen und dies eine Weile mit mir herumzuschleppen. Ich schmollte ein paar

Tage lang, kam mir mißbraucht vor und fühlte mich sehr selbstgerecht. Nein, nicht daß die anderen etwas merkten, nur ihm gegenüber. Er fing die Botschaft irgendwie auf und war ein paar Tage später außergewöhnlich lieb zu mir, und alles schien wieder in bester Ordnung zu sein. Aber die Sache selbst wurde nie offen dargelegt. Dieses Mal fühlte ich mich am Ende nicht im Recht. Es war aber viel besser, als bloß recht zu haben.«

(Das folgende Gespräch fand zwischen Doris und mir statt.)

»Und wie fühlten Sie sich dabei?«
»Voller Angst. Ganz voller Angst.«
»Angst wovor?«
»Vor seinem Zorn.«
»Das ist alles?«
»Ich weiß, was Sie von mir erwarten: Angst vor meinem eigenen Zorn. Aber ich glaube, da haben Sie unrecht. Ich weiß ziemlich gut, wann ich wütend bin. Deshalb kann ich Ihnen sagen, ich hatte einfach ganz schlicht Angst vor seinem Zorn. Sie sind genau wie die anderen; die Leute glauben immer, ich wäre so stark, daß ich mich nicht vor seinem Zorn fürchtete. Aber ich fürchtete mich davor. Das war es wirklich, was ich fühlte. Das einzige sonst – aber daran dachte ich erst später, nicht während es passierte – war nur, daß ich bei mir Angst hatte, ich wäre vielleicht nicht stark genug oder könnte die Kontrolle über mich verlieren. Das scheint nämlich das Bild zu sein, das alle von mir haben. Und anscheinend muß ich es auch vor mir selbst aufrechterhalten. Das sehe ich. Aber in diesem Moment fühlte ich mich gar nicht auf der Höhe. Sie werden's nicht glauben, aber mein Herz hämmerte wie wild. – Inzwischen habe ich eingesehen, daß ich diese falschen Vorspiegelungen nicht immer aufrechterhalten muß.«

Eine andere Frau, Nora, äußerte sich ähnlich. Gewissermaßen war es für sie besonders schwer, weil es um ihre Frauengruppe ging, die für sie in letzter Zeit eine sehr große Bedeutung erlangt hatte. Es handelte sich um eine Gruppe, in der ein hohes Maß an Übereinstimmung und Freundschaftlichkeit herrschte. Nora hatte mehr und mehr feststellen müssen, daß die Gruppe in ihr die starke Person sah. Wenn sie versuchte, ihre wirklichen Ängste und Kümmernisse auszudrücken, neigte die Gruppe dazu, »das nicht zuzulassen«; man wischte ihre Äußerungen vom Tisch oder spielte sie herunter mit Kommentaren wie »Ach, das wirst du schon richtig hinkriegen« oder »Das kannst du doch so gut«. Nora spürte, daß die anderen sie als stark sehen wollten und mußten, aus eigennützigen Motiven, doch sie selbst wurde immer unwilliger, dieses falsche und eindimensionale Image ihrer Person zu akzeptieren. Es verdoppelte die Schwierigkeiten, die sie sowieso bereits hatte, wenn sie ihre Verzweiflung auszudrücken versuchte. Am Ende konnte sie diesen Teil von sich nur noch durch Brüllen ausdrücken: »Ihr laßt mich ja nicht reden. Ihr hört mir gar nicht zu. Es ist mir gleich, was ihr wollt und braucht! Ihr müßt jetzt einfach hören, was ich sage!« Daß Nora zu schreien anfing, bewies nur, wie schwer es ihr fiel, das Thema überhaupt aufs Tapet zu bringen, aber immerhin war sie imstande zu erklären, wovor sie Angst hatte:

> »Wut, meine eigene Wut. In meinem ganzen Leben habe ich mich noch nie so aufgeführt. Ich hatte auch Angst vor ihrem Zorn. Aber mehr noch, so eine Art Angst, daß sie alle ganz deprimiert würden oder so was. Wie wenn ich ihr Vertrauen enttäuschen oder sie im Stich lassen würde. Sie brauchten die Vorstellung so sehr, daß da eine starke Frau ist. Ich hatte immer geglaubt, ich müßte dieses Image von Stärke erhalten, sogar schon als Kind. Für meine

Familie, wissen Sie. Und hier war es jetzt wieder das gleiche.

Aber ich vermute, inzwischen war das Bedürfnis, ich selber zu sein und die anderen das wissen zu lassen, viel stärker geworden. Außerdem hatte ich das Gefühl: ›Wenn ich jetzt und hier, in dieser Gruppe, nicht darum kämpfe, ich selber zu sein, dann werde ich es nie schaffen.‹ Phantastisch war jedenfalls, daß sie überhaupt nicht entsetzt und deprimiert waren. Das war für mich eine sehr gute Lehre. Und für sie letzten Endes auch, glaube ich.«

Authentizität durch Kooperation

Jane, die Frau aus unserem ersten Beispiel, litt an einem tiefverwurzelten Gefühl, daß bestimmt niemand auf ihre Wünsche hören würde und sie selbst wohl nie etwas ausrichten könnte oder zustande brächte. Keiner, dachte sie, würde auf sie eingehen wollen. »Ich konnte niemanden erreichen, wenn es wirklich einmal darauf ankam, und ich konnte auch nichts tun, um das irgendwie zu ändern.« Solche Gefühle *sind* erschreckend. Bei Jane hatten sie ihren Ursprung in der Kindheit in einem Familienleben, in dem ihre wenigen tastenden Ausdrucksversuche nicht nur wirkungslos verpufften, sondern sogar noch heftige Gegenreaktionen bei den Eltern auslösten. Der Vater war jähzornig und beherrschend. Die Angriffe der Mutter erfolgten in Form von »hysterischen Anfällen«, die Jane oft als völlige Zusammenbrüche empfinden mußte – Kreischen, Weinen, Bettlägerigkeit, immer irgendwelche Krankheiten, Äußerungen wie: sie wünsche tot zu sein, oder sie liege im Sterben usw.

Janes Fall illustriert die potentielle Stärke, die sich oftmals hinter einer Fassade von Schwäche verbergen kann: Jane schien eine schwache Frau zu sein – sie beschrieb sich sogar selbst so –, die sich an einen starken Mann klammern möchte. Und so paradox es erscheinen mag, sie fürchtete

Schwäche zutiefst, weil diese für sie das Bild der Mutter heraufbeschwor, die hysterisch herumkränkelte und sichtlich elend war, aber nie die Kraft aufbrachte, ihr Leben auch nur geringfügig zu ändern. Jane fürchtete sich davor, so wie diese Frau zu werden; sie hoffte, diese Entwicklung mit allen Mitteln vermeiden zu können. Doch ihr Weg hin zu einer größeren Stärke, als sie ihre Mutter besessen hatte, konnte kein direkter sein; sie mußte den Umweg über die Bindung an einen starken Mann finden, der ihr das alles »abnehmen würde«. Nichts in ihrer Erziehung, nichts in der Gesellschaftsstruktur ermutigte sie dazu, etwas aus eigener Initiative zu unternehmen oder sich ein Gefühl für ihre eigene Effizienz aufzubauen. Wie andere Frauen auch, sagte sie einmal: »Wenn ich meine Mutter nur ein einziges Mal stark gesehen hätte – nur ein einziges Mal. Wenn ich auch nur eine Ahnung bekommen hätte, daß das für mich eine *Möglichkeit* ist.«

Janes Problem war, daß sie nur die eine Alternative zu der hilflosen, abhängigen Person, die zu werden sie fürchtete, sah. Das war die vollkommen starke, sich selbst genügende Person, die für alle Zeit von Schwäche und Bedürftigkeit und vor allem von der *Einwirkung durch andere* befreit ist. Kurz, so stellte sie sich den »Mann« vor. Männer, so glaubte sie, müßten gegenüber solchen Ängsten immun sein. Aber auch die leiseste Andeutung, vielleicht selbst »wie ein Mann« sein zu wollen, war natürlich vollkommen undenkbar.

Statt dessen band sie sich an Männer, blieb jedoch mit ihren Angstgefühlen dabei stets allein. In dieser emotionalen Isolation trat nichts ein, was ihre tiefverwurzelten Furcht- und Schwächegefühle hätte ändern können, bis sie schließlich den Schritt tat und sich an ihre Arbeitskolleginnen wandte. Jane sprach also schließlich mit einer der Frauen, mit Blanche. Sie erklärte ihr, sie sei überzeugt, daß sie (Blanche) und ein paar andere Frauen einfach ihre Arbeit nicht gut genug erledigten. Das, sagte sie, erschwere ihr selber die Arbeit und mache sie außerdem wütend. Blanche wurde ihrerseits wütend. Sie beschuldigte Jane, sie sei arrogant, und alle anderen Frauen dächten ganz genauso. Jane liege nichts an den anderen, wieso sollten sich also die anderen um Jane kümmern? Diese Beschuldigung läßt darauf schließen, daß die Arbeitskolleginnen wahrscheinlich sehr genau spürten, wie Jane sie verachtete, daß sie Frauen für »uninteressant« hielt und warum sie sich so absonderte; weil sie nämlich fürchtete, sich zu sehr mit ihnen einzulassen.

Aber nach dem zornigen Wortwechsel brachte Blanche es fertig zu sagen: »Ich bin froh, daß du das zur Sprache gebracht hast. Ich hätte das selber nicht gekonnt, aber ich habe mich wirklich ziemlich über dich aufgeregt.«

Wichtig ist hier vor allem die echte Stärke in der Reaktion von Blanche. Sie erkannte es an und billigte es, daß Jane ein schwieriges Problem aufbrachte, und gestand ihre eigenen Handikaps ein. Sogar ihre aufrichtigen Beschwerden über das Verhalten von Jane enthielten die Botschaft, daß sie die Gesprächspartnerin respektierte und sich für sie interessierte. Beide Frauen kritisierten einander ganz offen und ehrlich, und wenn auch die strittigen Punkte und feindseligen Gefühle nicht sofort und unmittelbar bereinigt werden konnten, so hatte doch eine gewisse Zuwendung zu einander, um Probleme gemeinsam zu lösen, eingesetzt.

In der Folge brachten auch ein paar der anderen Frauen in der Fabrik ihre Erbitterung und ihren Ärger offen vor. Für Jane war die Lage zunächst erschreckend und peinlich, doch bald fiel ihr die Ehrlichkeit leichter, es stellte sich sogar ein gewisser Humor ein. Später entwickelten die Frauen dieser Gruppe eine erstaunlich nützliche und hilfreiche Beziehung zueinander; sie kannten die Schwächen der einzelnen und sprachen sich direkt darüber aus. Sie verbrauchten sehr viel weniger Energie damit, sich vor- und gegeneinander zu verteidigen. Und was am wichtigsten war, sie konnten sich nun in vielen schwierigen Situationen, nicht nur in der Fabrik, sondern auch im häuslichen Leben, aneinander wenden und sich gegenseitig helfen.

Jane ist ihren Freundinnen zutiefst dankbar; sie hat aus diesen Beziehungen so große Hilfe erfahren, daß sie sich nun gedrängt fühlt, ihrerseits wieder anderen Frauen zu helfen, wo immer sie kann. Je näher sie einige der Frauen kennenlernte und die Last, die sie zu tragen haben, desto tiefer bewunderte sie ihre Stärken. Eine der Frauen sorgt ganz allein für mehrere Kinder; eine zweite hat ein schwerkrankes Kind; eine dritte ein geistig zurückgebliebenes Kind.

Isolation

Dieser ganze Reifungs- und Verstehensprozeß wickelte sich nicht leicht oder rasch ab. Jane machte zwischendurch einige ernste Krisen durch: mit ihren Arbeitskolleginnen und mit Tendenzen in sich selbst. Ein nicht geringer Kampf mußte ausgefochten werden, als Jane entdeckte, daß auch sie nach Macht und Stärke strebe – genau wie alle anderen auch. Sie hatte versucht, sich eine Art Machtgefühl über die Frauen zu erhalten, um so zu verhindern, daß diese sie verletzten. Ihre Methoden dabei waren Ablehnung und Verachtung; es fiel ihr leicht, Frauen zu demütigen oder zu ignorieren. Außerdem stand Jane im Bündnis mit den »Siegern«, also den Männern. Dieses Bündnis gab ihr ein inneres, wenn auch trügerisches Gefühl von Macht und »Stolz«. Es war ihr nicht deutlich bewußt, daß sie Macht wollte oder Macht *einsetzte,* bis sie die Beziehung zu ihren Arbeitskolleginnen einging. Bis dahin waren ihr überwiegend Gefühle von Mißerfolg und das Bedürfnis, Männer zu brauchen, bewußt gewesen.

Jane entdeckte, daß sie sich ihre schrecklichen Schwächegefühle erst eingestehen konnte, nachdem sie gelernt hatte, daß sie etwas dagegen unternehmen könne, das heißt, nachdem sie ein gewisses Zutrauen zu ihrer eigenen Fähigkeit gefaßt hatte. Sie entdeckte, daß sie durch ein ehrlicheres Eingeständnis ihrer Schwächegefühle auch besser mit ihnen fertigwerden konnte. Inzwischen hat sich daraus ein kontinuierlicher und für alle Beteiligten segensreicher Prozeß entwickelt.

Der Bericht über Jane scheint fast ein Märchenende zu haben, aber er entspricht der Wahrheit. Der Erfolg hing zum großen Teil von der Fähigkeit der übrigen Frauen ab, so freimütig und richtig zu reagieren. Natürlich bestehen noch immer Differenzen. Diese Frauen haben ja keine völlig gleiche Lebenseinstellung, doch sie akzeptieren ihre Differenzen und können inzwischen direkt und offen miteinander umgehen. Jane arbeitet schwer in ihren zwei Arbeitsbereichen: als Fabrikarbeiterin und als Mutter. Sie erlebt Rückschläge und hat echte Schwierigkeiten, mit denen sie fertigwerden muß. Aber es ist nun, wie sie sagt, »als wäre alles irgendwie anders im Gefühl. Weil ich es bin.« Ich glaube, sie wollte damit Authentizität ausdrücken.

Die zwei wichtigen Faktoren dabei sind folgende: Jane fand ihren *eigenen* Weg zu einem effektiven Handeln in eigener Sache; und sie fand ihn, indem sie sich an andere Menschen wandte. Beide Faktoren verstärken einander inzwischen. Solange Jane abhängig war und sich anklammerte, blieb sie zutiefst allein und isoliert. Indem sie sich aber das Engagement mit anderen gestattete, entdeckte sie, daß sie für sich selbst, in ihren eigenen Belangen effizient sein konnte. Sie erwarb größere Stärke, aber dies geschah im Vollzug ihrer Zuwendung zu anderen Menschen. Sie ist heute zugleich ihrer selbst sicherer und besser als früher fähig, anderen Vertrauen zu schenken. In gewissem Sinn hatte früher auch das Verharren in ihrer alten Isoliertheit eine Menge Stärke verlangt; aber dies war eine Stärke, die sie gleichzeitig ausgehöhlt hatte. Nun ist sie fest davon überzeugt, daß sie die anderen Menschen braucht. Es bereitet ihr sogar Freude, wenn sie merkt, daß andere »das für mich tun können«. Zugleich hat sich ihr Gefühl von der eigenen persönlichen Effizienz bedeutend gesteigert.

Geschlechtsauthentizität

Wie stand es mit Janes Beziehungen zu Männern während dieser Zeit? Eine Zeitlang – solange sie noch nicht sicher war, ob sie wirklich aus »ihrem Wesenskern« heraus handelte oder nicht vielleicht doch noch auf die alte Art weitermachte –, empfand sie Beziehungen zu Männern manchmal als verwirrend. Interessanterweise waren es gerade die »guten Male«, wenn sie sich mit einem Mann gut verstand, die sie am meisten irritierten. Sie war noch nicht ganz sicher, ob sie an die eigene Freundlichkeit glauben könne. Fiel sie vielleicht in das alte leichte Spiel zurück?

Später begegnete sie einem Mann, der »das Neue« an ihr wirklich gern zu mögen schien. Sie war sich nun sicherer, daß sie nicht mehr »ihre Anschauung von den Dingen so zurechtschneiderte«, bis sie dem entsprach, worauf ihrer Meinung nach die Männer aus waren; es lag an ihm, sie entweder so zu nehmen, wie sie war, oder es sein zu lassen. Bisher sieht es so aus, als tue er das erstere. Jane meint, daß sie ihn vielleicht einmal wirklich gern haben wird, aber sie ist sich dessen noch nicht sicher. Sie muß noch eine Menge allein herausfinden und sich klarwerden darüber, wie sie sein soll und sein möchte. Und vielleicht erweist er sich ja als ein Mensch, mit dem sie keine Beziehung unterhalten möchte.

Es gibt natürlich auch die Frage der Sexualität. Früher glaubte sie, daß nur starke Männer sie faszinieren könnten. Als aber ihr ganzes psychisches Weltbild sich verschob und die Vorstellung vom »starken Mann« die große Bedeutung von einst verlor, fragte sie sich, ob überhaupt noch jemand für sie sexuell anziehend sein könne. Wenn es dann allerdings um Sex ging, löste sich das gefürchtete Problem ohne allzu große Schwierigkeiten von selbst.

Vielleicht sollte man der Genauigkeit halber sagen, daß für Jane der Begriff der Stärke eine neue Sinngebung erfuhr und an einen anderen Platz auf ihrer Wertskala rückte. Sie ist nicht länger zwanghaft auf das stereotype Bild vom »starken Mann« fixiert, aber sie ist zweifellos an Männern interessiert, die über eigene Stärken verfügen. Sie kann sich einem Mann gegenüber freier, auch im Sexuellen bereitwilliger geben, der sowohl ihre Stärken wie ihre verletzlichen Punkte kennt und der seinerseits gleichfalls fähig ist, die verschiedenen Seiten seines Wesens mit ihr zu teilen.

Eine andere Frau, Emily, fand auf einem ähnlichen Wege wie Jane ebenfalls zu ihrem eigenen inneren Wesenskern. Auch sie genoß es, »als ich selbst« offen und ehrlich zu handeln, und empfand diese Erfahrung als wichtige neue Energiequelle. Auch sie traf gelegentlich Männer, die auf ihr »neues Selbst« zu antworten schienen. Doch sobald sie sexuelle Beziehungen zu ihnen aufnahm, begann sie ihr Selbstgefühl wieder zu verlieren. »Ich kann fast körperlich spüren, wie es schwindet. Ich falle wieder in das alte passive Verhaltensmuster zurück. Ich habe keine Entscheidungsmöglichkeit mehr darüber, was passiert. Es *passiert mir* einfach.«

Das Problem ist vielschichtig. Ein Aspekt wäre, daß sie ihre eigene Sexualität akzeptieren und sich sexuelles Vergnügen gestatten sollte. Das Problem wird durch eingefleischte Überzeugungen erschwert, daß Sex unmoralisch und schmutzig sei. (Derartige Ansichten hängen uns selbst in diesen Tagen der sexuellen Revolution noch immer stark an.) Wenn eine Frau, und sei es unabsichtlich, Sexualität noch immer für schlecht hält, dann fällt es ihr manchmal leichter, geschlechtlichen Verkehr zu haben (und sogar Spaß daran zu haben), wenn sie die Vorstellung aufrechterhalten kann, daß »das ja alles vom Mann getan« wird. Sie läßt es sich nur gefallen und tut es ja wirklich »nur für ihn«. Diese Haltung gehört in die lange Geschichte der Erwartungen, die man an Frauen stellte, ihr Verhalten wie ihre Gefühle betreffend, aber sie wird dem nicht mehr gerecht, was Emily heute wünscht und erreicht, auf anderen Gebieten.

Für Emily hat dieses sexuelle Problem noch eine weitere Dimension. Im Geschlechtsakt sie selbst zu sein, das sieht sie als die endgültige Bestätigung dafür, daß ihr »neues Selbst« wirklich *existiert*. Es würde ihr »beweisen«, daß sie wirklich jene Person sein könnte, von der sie vorläufig nur einen Schimmer hat. Dann wird sie alle ihre unterdrückte Energie erschließen und auf ihre neuen Ziele richten können. Es wird sozusagen »das Ende der Abhängigkeit« sein, aber sie ist noch nicht völlig bereit, sich dem zu stellen. Es hat einerseits etwas Erschreckendes für sie, andererseits »sieht es auch wieder zu schön aus, um wahr zu sein«. (Außerdem bedeutet es, daß sie doch immer einen Mann darum bittet, ihr die Existenz ihres neuen Selbst zu beweisen – ihm sozusagen durch den letzten Test, die Demonstration seines sexuellen Interesses, das Siegel der Gültigkeit aufzuprägen.)

Eine Zeitlang bewirkte das Gefühl, in die alte Schablone zurückgeworfen zu sein, daß Emily zu sexueller Abstinenz neigte und recht mutlos wurde. Doch als es ihr mit der Zeit gelang, diese kritischen Punkte selbst klarer zu sehen, brauchte sie keinen Mann mehr, nicht einmal die sexuelle Bestätigung, um sich zu beweisen, daß ihr »neues Selbst« tatsächlich existierte; und mehr, daß es mit vollem Recht existierte. Im Unterschied zu ihrer früheren Einstellung konnte nun Sex *eine* der Ausdrucksmöglichkeiten ihrer ganzen Persönlichkeit und ihrer Gefühle sein. Emily kann und will jetzt sagen, daß sie mit fester Hand ihr eigenes Leben bestimmt, und sie kann heute selbst entscheiden, ob es richtig ist (in der Sexualität wie in allen anderen Situationen), ihr vollkommeneres Selbst einzusetzen und sich entfalten zu lassen. Sie hat einen weiteren großen Schritt weg von der früheren Position getan, in der sie noch verlangte, daß der Mann durch die sexuelle Bestätigung dies für sie tue.

Jane dagegen steht zu diesem Zeitpunkt vor einem anderen Schritt. Sie weiß, daß ihre neue Beziehung zusätzliche Schwierigkeiten heraufbeschwören kann. Wenn sie anfangen sollte, diesen Mann zu lieben, würde die Versuchung stärker werden, »ihm alles zu geben, alles für ihn zu tun«. Das würde ihr ganz leichtfallen.

> »Allein schon das Gefühl, daß ich etwas für ihn tun möchte, vergrößert die Verwirrung. Ich will etwas für ihn tun, aber ich will wissen, *warum* ich es tue: ob ich es tue, weil ich *vermeiden* möchte, ich selbst zu sein, oder *weil ich eben ich selbst* bin.«

Manchmal glaubt Jane, sie sollte ernsthafte Beziehungen zu Männern vorläufig nicht eingehen, bis sie sich über ihre eigenen Motive noch klarer geworden ist. Aber es kommen auch Tage, an denen sie sich ihrer selbst sicher ist. Sie sagt:

> »Manchmal bringe ich, glaube ich, beides durcheinander, aber es gelingt mir meist ziemlich rasch, wieder klar zu sehen, ob ich von meinem inneren Kern her handle. Wenn ich fühle, daß ich es nicht tue, finde ich doch Möglichkeiten, wieder darauf zurückzugreifen.«

Erste Schritte

Viele Frauen befinden sich heute in der gleichen Situation wie Jane zu Beginn. Sie wußte, was sie nicht wollte – nämlich in die gleiche Falle einer Beziehung zu tappen, wie es ihre Ehe mit einem der »starken Männer« gewesen war, der sie enttäuscht hatte. Gleichzeitig glaubte sie, sie brauche »jemanden, um leben zu können«. Damit meinte sie, daß sie einen Mann brauche. Einen, der sie nicht enttäuschen würde. Aber sie wußte durchaus *nicht,* was sie selbst wünschte. Das ist gar nicht so abwegig, wenn wir bedenken, daß die gesamte Konditionierung der Frau dem ernsthaften Bemühen zuwiderläuft, herauszufinden, was sie will.

Heutzutage ist das Fehlen eines bestimmten Zieles an sich bereits sehr entmutigend für viele Frauen, doch letztlich handelt es sich bei dieser Entmutigung um eine, wenn auch begreifliche Ausflucht. Wenn man nicht weiß, was man will, kann man auch das Risiko, es zu bekommen, umgehen; für Frauen ist es ein sehr großes Risiko. Doch dies bloß festzustellen bringt uns nicht weiter. Frauen erkennen immer deutlicher, daß sie ihre eigenen Gedanken und Gefühle, welche immer dies sein mögen, gründlicher erforschen müssen, wo auch immer sie damit ansetzen müssen.

In den Anfängen eines solchen Prozesses stoßen sie oft auf zahlreiche Gefühle, die anscheinend recht wenig sinnvoll sind. Es fällt uns sehr schwer, Gefühle und Gedanken zu tolerieren, die wir nicht in einen annehmbaren gedanklichen Rahmen einpassen können. Dabei taucht sofort die Notwendigkeit einer bestimmten Art von Kreativität auf, nach einem Entwickeln und Umformen von Denkweisen, nach einem Annehmen zahlreicher, früher vielleicht unannehmbarer und undenkbarer Vorstellungen. Doch mit diesem Thema wollen wir uns eingehender am Ende dieses Kapitels befassen. Die andere Möglichkeit ist, daß viele Frauen anfangs nur »negative Gefühle« durchmachen: Zorn, Ressentiment, Haß und dergleichen. Sie belasten sich dann noch zusätzlich mit Selbstvorwürfen, weil sie überzeugt sind, daß ihre Gefühle unbegründet seien. Es ist aber sehr wichtig, diese Gefühle als oftmals angemessen und notwendig anzusehen. Zorn kann eine der ersten authentischen Reaktionen sein. Zwar ist Zorn im traditionellen Sinn nicht gerade etwas Angenehmes, aber er kann auf seine Weise dennoch so etwas wie Lust bereiten, insofern als er eine unbestreitbare Realität darstellt. Er kann ein wertvoller Faktor der Mobilisierung und Bestärkung sein. (Angesichts der Opposition, der sich Frauen gegenübersehen, ist Zorn sehr wahrscheinlich keine einmalige Erfahrung, sondern eine Emotion, die zu wiederholten Malen eingesetzt werden dürfte.)

Diese Beispiele zeigen, was alles an Entmutigung Frauen auf diesem Weg begegnen kann. Zwar ist die Liste keineswegs vollständig, aber sie enthält doch immerhin einige der häufigsten Gefühle, auf die sie sich gefaßt machen müssen, wenn sie anfangen, sich um Authentizität zu bemühen.

Risiken. Alle Frauen aus unseren Beispielen mußten ein großes Risiko eingehen – ein Risiko, das für sie besonders schwerwiegend war, auch wenn es anderen vielleicht nicht so erscheinen mag. Diese Art Risiko hat einige Komponenten, die für die meisten Frauen gelten. Jede unserer Frauen mußte das Risiko eingehen, sich auf die eigenen Wünsche und Bedürfnisse zu konzentrieren, selbst wenn dies bedeutet (was anscheinend sehr oft der Fall ist), daß sie damit das Mißfallen anderer erregte. Und oft ist eben der *andere* die Person, in die die Frau ihre wichtigste emotionale Bindung investiert hat. Wenn es sich dabei um den männlichen Partner handelt, dann sind ihre wirtschaftliche Existenz und ihr Sozialstatus gewöhnlich gleichfalls stark betroffen.

Sobald Frauen fürchten, das Mißfallen einer Person – besonders eines Mannes – zu erregen, setzen sie dies mit Verlassenwerden gleich. Das Risiko wird in seiner psychischen Bedeutung und Auswirkung also zu dem Risiko, verlassen und verdammt zu werden. (Der Mann läßt die Frau sitzen, weil *sie* schlecht und im Unrecht ist.) Aber ob der Mann wirklich fortgeht oder nicht, die Frauen sind so konditioniert zu glauben, daß er es tun werde. Dies ist für sie oft eine der größten und am meisten gefürchteten Gefahren. Manchmal verläßt der Mann die Frau nicht, wenn sie auf ihrem Weg weitergeht; in anderen Fällen ist sie es selbst, die die Partnerbeziehung abbricht und vielleicht sehr viel bessere neue Beziehungen findet. Aber der kritische Punkt ist eben, daß die Frau das anfängliche Risiko auf sich nehmen muß – als einen psychologischen Schritt. Wenn sie sich vor diesem Risiko drückt, ist sie meist nicht in der Lage, diesen Weg wirklich zu gehen. Nur wenn sie das Denkmodell abstreifen kann, daß sie zunächst und vor allem für das Wohlbefinden und die Wunsch- und Bedürfniserfüllung der anderen (also des Mannes und der Kinder) dasei, kann sie überhaupt beginnen, sich selber kennenzulernen. Angesichts der wirtschaftlichen und psychologischen Realitäten, wie wir sie heute haben, ist das noch immer ein enormes Risiko.

Für die meisten Frauen war das Gefühl, sich selbst zu genügen und zu gefallen, die seltene Ausnahme. Aber wenn sie es erreichen, ist es eine ganz neu entdeckte Freude. Frauen gehen oft auf die Suche nach neuen Partnerbeziehungen, nur wenn ihr Ziel dabei ist, zu allererst die Beziehung abzusichern, finden sie gewöhnlich gar nicht erst den Anfang ihres Weges. Dies liegt, glaube ich, daran, daß die Beziehungen zwischen Mann und Frau so wirkungsvoll darauf eingerichtet worden sind, Frauen von ihren eigenen Reaktionen und ihrer Erfüllung abzulenken. In der Vergangenheit setzte diese Ablenkung fast automatisch ein, sogar schon bevor eine Freundschaft sich gebildet hatte.

Zusätzlich zu der »Freude am eigenen Selbst« genießen Jane und andere Frauen jetzt die Erfahrung einer sehr viel größeren Freiheit sich selbst und anderen gegenüber: denn sie können nun auch »zulassen« und sich sogar darüber freuen, wenn andere Menschen sie selber sind. Wer von dieser Basis aus handelt, hat es nicht nötig, andere auszubeuten oder übertriebene Anforderungen an sie zu stellen, um sich wichtig vorkommen zu können. Statt dessen kann er inmitten gefühlsintensiver Bindungen an andere viel freier er selbst sein.

Doris und ihr Mann sind ein kleines Beispiel für diese wechselseitige Freiheit. Wenn er sagen will: »Halt den

Mund!«, dann sagt er jetzt einfach: »Halt den Mund!«, und Doris argumentiert mit ihm, statt ihm durchgehen zu lassen, daß er sich »als der Größte und Stärkste und im Recht fühlt«. Beide haben auf die raffinierten indirekten Methoden verzichtet, mit denen sie einander früher so geschickt zu kontrollieren und zu beengen pflegten. Sie schätzen einander nun mehr und haben jeder auch mehr Spaß am anderen, weil sie nicht mehr versuchen, sich gegenseitig in bestimmte Positionen zu drängen.

Kreativität und ein Ziel

Persönliche Kreativität ist etwas ungeheuer Wichtiges, und wir beginnen gerade erst, ihren Wert zu erkennen. Einer der erregendsten Aspekte des Umorientierungsprozesses, wie ihn Frauen gegenwärtig durchmachen, ist die Tatsache, daß sie bei ihrem Ringen um die eigene Authentizität gleichzeitig auch die eigene schöpferische Kraft entdecken. Und damit bringen sie auch die kreativen Kräfte ans Licht, die auf versteckte Weise in allen Menschen zu allen Zeiten wirken und freigesetzt werden wollen.

Persönliche Kreativität ist ein andauernder Prozeß, bei dem eine sich wandelnde Anschauung von der eigenen Person und von der eigenen Person in bezug zur Welt gebildet wird. Aus dieser Anschauung heraus bestimmt jeder ihren/seinen nächsten Schritt und wird überhaupt erst motiviert, diesen nächsten Schritt zu wagen. Dieses Bild muß beständig abgewandelt und neu geschaffen werden. Während der Kindheit und auch während des Erwachsenseins gibt es unvermeidliche körperliche Veränderungen, während man heranwächst, und dann, während man altert. Sie fordern einen Wandel in unserem Verhältnis zur Welt. Weiter gibt es die ständigen Veränderungen im seelischen Bereich, die uns zu breiterer Erfahrung, reicherer Empfindung, neuen Emotionen und tieferem Denken hinführen. Man muß alle diese

Faktoren in ein zusammenhängendes und sich konstant ausweitendes Lebenskonzept integrieren lernen.

Jeder Mensch stellt immer wieder ein Lebenskonzept auf, das es nie zuvor in dieser besonderen Weise gegeben hat – das heißt, man schafft sich ständig eine ganz persönliche Weltsicht. Trotz all unserer Gemeinsamkeiten macht sozusagen jeder von uns jeden Tag wieder neu seinen eigenen Versuch, das Bild zusammenzusetzen, wie es war. Dieses Bild ist in keinem Fall je identisch mit dem eines anderen Menschen, und es ist nie das gleiche wie das, was wir uns gestern gemacht haben. Das heißt, wir alle sind immer wieder gezwungen, »die Gestalt zu zerbrechen«, wie Max Wertheimer es ausdrückte.[1] Im Idealfall werden unsere Konzepte genau widerspiegeln, welche Erfahrungen wir gemacht haben und wie wir über sie fühlen und denken. Je näher wir diesem Ideal von Authentizität kommen können, desto besser für uns. Und je mehr es uns gelingt, in Übereinstimmung mit unseren Konzepten zu handeln, desto stärker fühlen wir uns als ungebrochene Persönlichkeit und authentisch. Nachdem wir gehandelt haben, können wir zurücktreten und unsere Vorstellungen über die Welt, über uns selbst und darüber, was wir wollen, »korrigieren«.

Es trifft zu, daß wir sogar die Methoden, mit denen wir Erfahrungen in ein Konzept bringen, weitgehend von der Kultur übernehmen, in der wir »denken und fühlen lernen« oder sogar lernen, was Denken und Fühlen ist. Aber die Menschen kämpfen auch unablässig gegen die Begrenzungen ihrer Kultur an – gegen die Einschränkungen, die sie ihnen auferlegt – und suchen ständig nach Mitteln und Wegen, die vielfältigen Erfahrungen zu begreifen und auszudrücken, für die diese Kultur nicht ausreicht. Dies gilt für alle Menschen, doch für Frauen heute in hervorragendem Maße. Wir haben gesehen, daß es wesentliche Gründe dafür gibt, warum Frauen sich so schwertun, die vorhandenen Mittel einzusetzen, um damit ihre Erfahrungen auszudrücken und in ein

Konzept zu fassen. Aber sie sind dabei, diese Mittel zu entwickeln.

Es ist sicherlich wahr, daß während der gesamten geschichtlichen Entwicklung der Menschheit die ökonomischen Bedingungen die Mehrzahl der Menschen zu einem Leben schwerster Plackerei gezwungen haben (und noch immer zwingen), das ihnen kaum eine Möglichkeit ließ, über die unmittelbare Sorge um den Lebensunterhalt hinauszudenken. Aber es stimmt auch, daß sogar in einer solchen Lage der menschliche Geist immer bemüht ist, alles mit Bedeutung zu unterlegen und zu erklären. Der menschliche Verstand scheint, um eine Vokabel von heute zu gebrauchen, »kein geschlossenes System« zu sein, sondern eher ein System, das die Möglichkeit unbegrenzter Ausweitung hat. Je enger der Verstand den momentanen Erfahrungen verbunden ist, je »dichter er dran« ist, desto stärker kann die ihm innewohnende schöpferische Kraft wirksam werden. Je mehr Möglichkeiten wir haben, unsere Gedankengebilde in die Tat umzusetzen, desto stärker wird, umgekehrt, unser Denken und Fühlen bereichert. Das eine baut auf dem anderen auf.

Die aufregende und aufklärerische Wirkung, wie sie von den Erfahrungen der Frauen ausgeht, die wir bisher diskutiert haben, können wir besonders dann würdigen, wenn wir sehen, daß sie an der Schwelle zu neuen und umfassenden Vorstellungen stehen. Ihre persönliche Kreativität ist eine absolute Notwendigkeit bei ihrem Versuch, einen Weg zu finden, wie sie *jetzt* leben können. Aber die Frauen, die mit ihrem eigenen intensiven Erleben umzugehen lernen, schaffen gleichzeitig ein neues Frauenbild, eine neue Vorstellung davon, was es heißt, eine Frau zu sein. Damit dieses Bild aber zum Tragen kommen kann, werden sie und andere Frauen neue gesellschaftliche Institutionen schaffen müssen, um diese Vorstellungen zu unterstützen und weiterzuverbreiten. Gerade hier begreift man, daß die wirkliche Motivation für eine neue Lebensform in den Frauen heute aus intensiv erlebten persönlichen Bedürfnissen heraus erwächst. Die Methoden, diese neue Lebensform herbeizuführen, werden wahrscheinlich auch die der Frauen sein müssen, und die neuen Lebensformen werden notwendigerweise mehr Gegenseitigkeit, Zusammenarbeit und wechselseitige Bindung zum Ausdruck bringen, auf persönlicher sowie auf größerer gesellschaftlicher Ebene.

Wir haben hier keine Frauen als Beispiele angeführt, die in ihrem Selbstwertgefühl und ihren Erwartungen besonders fortgeschritten wären. Es gibt natürlich schon jetzt Frauen, die Ausnahmen sind in ihrer Fähigkeit, aus eigener Überzeugung und eigener Entscheidungsvollmacht zu handeln, und die schon ein gutes Stück des Weges zu einer neuen Lebensform zurückgelegt haben. Solche Frauen haben meist ein starkes Bewußtsein ihres eigenen Wertes und ihres Rechts auf Selbstverwirklichung und Authentizität. In manchen Fällen stammen sie aus sehr fortschrittlichen Familien oder haben selbst hohe berufliche Qualifikationen; andere sind von einem starken Mut erfüllt, für eine gute und wertvolle Sache zu kämpfen. Wir waren hier aber bemüht, die zugrunde liegenden Kräfte zu erreichen, die alle Frauen, als Gruppe, beeinflussen, und die zentralen Punkte zu finden, von denen eine Verbesserung ausgehen könnte. Die Ereignisse aus dem Leben bestimmter Frauen sind zugleich Beispiele für den Versuch, über diese Kräfte zu sprechen. Allerdings haben wir diesen Versuch zum Teil in der Absicht unternommen, zu beweisen, daß das *Bedürfnis* nach Authentizität und Kreativität keineswegs nur bei den Privilegierten, den Frauen der Bildungsschicht vorhanden ist. Diese Kräfte werden in den verschiedenen Lebenszusammenhängen in unterschiedlicher Weise gefordert, aber notwendig sind sie für uns alle.

Wir hören heutzutage ziemlich viel über den Authentizitätsverlust der Menschen. Was wir aber dabei gar nicht so deutlich hören, ist, daß die Bemühung um Authentizität von der einen Hälfte der Bevölkerung ein eindeutiges direktes Risiko verlangt. Wenn Frauen von ihrem eigenen Wesen aus handeln und reagieren, dann heißt das, daß sie der ihnen vorgeschriebenen Rollendefinition und der ihnen bestimmten Lebensweise offen entgegentreten. Es bedeutet aber auch, daß sie Kreativität entwickeln, auf eine ganz unmittelbare und persönlich dringende Weise. Die ganze Struktur des Lebens beginnt sich zu verändern, und man sieht alles plötzlich in einem anderen Licht. Eine Frau drückte das so aus: »Jetzt entdecke ich in allem eine neue Bedeutung. An den meisten Tagen habe ich das Gefühl, als würde ich mich nur so mit Improvisieren weiterbringen. Ich halte mich nicht mehr an den Text wie früher.« Für diese neue, so sehr viel intensivere persönliche Kreativität kann es keine sicheren Leitplanken geben. Oft tauchen Angstgefühle und Beklemmungen auf, aber es ergeben sich dabei auch eindeutige Befriedigungen und Freuden, und zwar oft lange, bevor man ein Gefühl der Vervollkommnung erreicht hat.

10. Kapitel

Das alles – aber es ist nicht genug

In unserer Kultur ist »Macht« fast ein schmutziges Wort – in etwa der gleichen Weise, wie »Sex« es war. Insbesondere für Frauen war dieses Thema tabu. Doch alle in den vorigen Kapiteln besprochenen Stärken werden »unrealistisch« bleiben und nicht realisiert werden können, wenn Frauen nicht über die Macht verfügen, sie wirksam einzusetzen. Zu diesem Zweck müssen sie sich wirtschaftliche, politische und gesellschaftliche Macht und Autorität aneignen. Zur Zeit üben sie praktisch keine Macht aus.

Die Strategie und Taktik für wirkungsvolle Mitarbeit an der wirtschaftlichen und politischen Front verlangen ausführliche Analyse und Diskussion, und derartige Anstrengungen werden an vielen Orten auch schon unternommen. Zugleich werden wir die Frage nach dem Wesen und der psychologischen Bedeutung von Macht und Selbstbestimmung stellen müssen, damit wir die Vor- und Nachteile der Frauen in diesem Kampf nicht falsch bewerten. Die Begriffe »Macht« und »Selbstbestimmung« haben im Lauf der Zeit gewisse Nebenbedeutungen angenommen, das heißt, sie schließen bestimmte Verhaltensweisen mit ein, die typischer für Männer als für Frauen sind. Aber es könnte ja sein, daß diese Verhaltensweisen weder nötig noch für die Bedeutungsinhalte wesentlich sind. »Macht« könnte wie alle die Denk- und Handlungsmodelle einer dominanten Gruppe verzerrt und verschoben worden sein. Sie lag fast ausschließlich in den Händen von Menschen, die mit dem konstanten Bedürfnis lebten, eine irrationale Dominanz behaupten zu müssen; und in ihrem Gebrauch nahm der Begriff Nebentöne von Tyrannei an. Ähnlich verhält es sich mit dem Wort »Selbstbestimmung«: die Vorstellung von Selbstbestimmung schloß für dominante Gruppen automatisch die Einengung und die Beschränkung einer anderen Gruppe mit ein. Dabei handelte es sich aber nicht mehr um Selbstbestimmung im Reinzustand, sondern um ein Wortkonzept, das Nebenbedeutungen aufgenommen hat, die der eigentlichen Bedeutung des Wortes nicht entsprechen – es sind Anzeichen eines anderen, verborgenen Prozesses.

Es ist deshalb wichtig, die Bedeutungen der Begriffe Macht und Selbstbestimmung wenigstens teilweise zu untersuchen, wenn wir herausfinden wollen, ob Frauen in ihrem Kampf auf wirtschaftlichen, politischen und anderen Gebieten Macht und Selbstbestimmung vielleicht neu definieren können.

Macht

Ganz allgemein könnte man, für Frauen heute, Macht als »die Kapazität der Durchsetzung« definieren. Zu einem wesentlichen Teil ist sie durch Einsatz der Fähigkeiten zu erreichen, über die Frauen bereits verfügen. Aber es sind auch die neuen Eigenschaften einzubringen, die sie erst entwickeln müssen. In der Vergangenheit hatte »Macht« eine ganz andere Bedeutung. Macht meinte allgemein die Fähigkeit, die eigene Person vorwärtszubringen und gleichzeitig die Macht der anderen zu kontrollieren, einzuschränken und, wenn möglich, zu zerstören. Macht hatte also bisher mindestens zwei Komponenten: Macht *für* einen selbst und Macht *über* andere. (Es ist aber ein wichtiger Unterschied zwischen der Möglichkeit, andere zu beeinflussen, und der Macht, andere zu kontrollieren und einzuschränken.) Die Geschichte der Machtkämpfe, wie sie uns überliefert sind, hat sich auf diesem Feld zugetragen. Die Macht eines anderen oder einer anderen Gruppe wurde im allgemeinen als Gefährdung angesehen, man mußte sie kontrollieren. Doch im Bereich der menschlichen Entwicklung hat eine solche Einstellung keinen Wert. Ganz im Gegenteil.

In einem prinzipiellen Sinn gilt: je höher entwickelt ein Individuum ist, desto fähiger, desto erfolgreicher und desto weniger von dem Bedürfnis abhängig ist es, andere einzuschränken oder zu unterdrücken. Aber so hat man uns die Dinge nicht dargestellt.

Frauen kommen nicht aus einer Gruppe, die glaubt, Untergeordnete zu brauchen. Außerdem existiert bei ihnen im Unterschied zu den Männern nicht der Glaube, daß ihre Machtpositionen zur Erhaltung des eigenen Images nötig seien. Aber sie haben eigene Probleme im Verhältnis zur Macht. Ihre Unerfahrenheit im Einsetzen aller ihrer Machtmittel, verbunden mit den früheren Angstgefühlen vor Macht, nimmt heute neue Formen an. Wenn sich Frauen in größere Aktivität und andere Handlungsbereiche vorwagen, sehen sie sich neuen und fremden Machtkämpfen und Rivalitäten gegenüber. Die meisten sind in den Formen und Konventionen von Rivalität, wie sie den Männern von Kindheit an beigebracht werden, nicht geübt. (So vermied Jane zum Beispiel offene Machtkämpfe mit Personen beiderlei Geschlechts.) In dieser Hinsicht können die Gefühle von Frauen besonders empfindlich sein, und manche Situationen sind sehr entmutigend für sie.

Dennoch kann man diese Auseinandersetzungen nicht einfach umgehen oder außer acht lassen. Im Gegenteil, Frauen sollten ihnen große Beachtung schenken. Auch wenn manche vielleicht bei den ersten Versuchen, sich auf Macht einzulassen, schwerwiegende Fehler machen sollten – es wird auch neue positive Momente geben. Im Privaten haben sie ja schon Formen der offenen und gemeinschaftlichen Erforschung ihrer Wünsche und ihrer Mängel gefunden, so daß viele sich heute bereitwilliger an andere wenden können, in der Hoffnung, dann leichter mit manchem fertigzuwerden. Ebenso könnten sie sich auch gegenseitig dabei unterstützen, wirksamere und passendere Methoden im Umgang mit Macht zu entwickeln – die richtige Anwendung von

Macht herauszufinden und gegen die mißbräuchliche Anwendung bei sich selbst und bei anderen anzugehen.

Dem Problem der Macht müssen wir uns stellen; es gibt schließlich auch Konflikte unter den Frauen selbst. Aber am allerwichtigsten ist, die Erkenntnis zu bekräftigen, daß Frauen andere Frauen nicht herabsetzen müssen; also müssen sie auch nicht die destruktive Haltung übernehmen, die nämlich nicht notwendig ein Bestandteil effektiver Macht ist, sondern bloß eines der Mittel zur Unterstützung eines Systems von Herrschendem-Untergeordneter war. Sie brauchen Macht, um ihre eigene Entwicklung zu fördern, aber sie »brauchen« sie nicht, um die Entwicklung anderer einzuschränken.

Allerdings starten Frauen aus der Position von Beherrschten. Aus ihr herauszukommen verlangt eine gewisse Machtbasis, von der aus man dann den wichtigen ersten Schritt tun kann, und das wäre die Weigerung, sich kontrollieren und einschränken zu lassen. Von diesem ersten Schritt müssen die Frauen zu größerer Macht weitergehen – der Macht, die eine vollkommene Entwicklung überhaupt erst ermöglicht. Dies ist besonders zu unterstreichen. Dominante Gruppen tendieren dazu, selbst die kleinsten Ansätze von Widerstand der Untergeordneten gegen die Kontrolle der Herrschenden als exzessive Machtansprüche zu deklarieren! (Wenn etwa heute Untergebene im Büro den ersten Schritt tun und sich weigern, den Kaffee zu kochen, dann tut man wahrscheinlich fast so, als maßten sie sich Macht über den Chef an.)

Noch in anderer Hinsicht ist Macht, wie wir sie bisher erlebt haben, entstellt worden. Sie wurde stets ohne die speziellen Werte eingesetzt, die Frauen einbringen könnten. Tatsächlich schien man diesen »weiblichen« Qualitäten keinerlei Gewicht in bezug auf die »Machtrealitäten« in unserer Welt beizumessen. Ich fordere keineswegs, daß Frauen »Macht« sanfter oder besser machen sollten, aber ich behaupte, daß Frauen durch ihre Teilnahme an der Macht zu einer vernünftigeren und angemesseneren Anwendung von Macht viel beitragen können. Sie können Macht stärken, indem sie sie einsetzen, wo es nötig ist, und sie nicht als ein armseliges Substitut für anderes – etwa Kooperation – mißbrauchen. Dann können wir allmählich erstarrte Vorstellungen aufweichen. Das spätere Ziel wäre die neue Integrierung des gesamten Machtbereichs und der weiblichen Stärken, wie wir sie hier zu definieren versuchen.

Selbstbestimmung

Frauen gehen von einer Position aus, in der ihre eigene Natur von anderen für sie bestimmt worden ist. Ihre Existenz wurde fast völlig dadurch festgelegt, was die dominante Kultur sich von den Frauen erwartete und was sie ihnen demzufolge als wünschenswertes Rollenziel aufdrängte. Wie wir schon zu Anfang dieses Buches sagten, müssen solche, von einer herrschenden Gruppe aufgestellten Definitionen zwangsläufig falsch sein. Sie sind außerdem (und das haben wir in dieser Arbeit generell aufzuzeigen versucht) durch die ungelösten Probleme und das Dilemma der Herrschenden in starkem Maße verfälscht, haben also mit der »wahren Natur« der Frauen recht wenig zu schaffen; und keinesfalls spiegeln sie die Bemühungen der Frauen wider, sich selbst bestimmende Individuen zu werden. Mit dem Selbstverständnis sozusagen »bei Null« beginnen und herausfinden zu müssen, was man eigentlich will, ist für jeden ein sehr schwieriges Unterfangen.

Macht hängt natürlich eng mit diesem Unterfangen zusammen. Ohne die Macht, ein solches Selbstverständnis dann auch in Aktion zu übertragen, werden Frauen weiterhin das beschränkte Leben führen, das andere kontrollieren, und zwar jene, die am wenigsten fähig sind, sinnvolle und wertvolle Bestimmungen zu geben.

Auch hier, wie bei all unseren früheren Themen, reichen

möglicherweise die herkömmlichen Begriffe nicht aus und sind eventuell ungenau. Vielleicht sind es sogar Fallen. So ist es beispielsweise für Frauen sicherlich bedrückend, daß sie wirtschaftlich, politisch, gesellschaftlich und psychologisch abhängig sind. Aber die einfache Umkehrung, nämlich »unabhängig« im Sinn der dominierenden Gruppe zu sein, dürfte auch ein falsches Ziel sein. Vielleicht gibt es bessere Ziele als »Unabhängigkeit«, wie wir sie bisher verstehen. Oder vielleicht sind auch bessere Bedingungen denkbar, die der Begriff selbst zunächst auszuschließen scheint: etwa das Gefühl von Wirksamkeit und Freiheit in Verbindung mit dem Gefühl des intensiven Kontaktes zu anderen Menschen.

Selbstbestimmung kann ein sinnvolles Lebenskonzept nur dann sein, wenn es wirklich bei den Frauen ansetzt. Aber das Erkennen, wo Frauen heute stehen, verändert und erweitert zugleich die Bedeutung dieses Begriffs, weil es die spezifischen Ansichten der Frauen mit einbringt. Diese Ansichten können bei den Anstrengungen um Selbstbestimmung hilfreich sein, anstatt Frauen in möglicherweise falsche – oder auch gefährliche – Richtungen abzulenken, die jedenfalls keine brauchbare Alternative bringen. Die den Frauen anerzogene Furcht vor der eigenen Macht und Selbstbestimmung ist so tief verwurzelt, daß sie eine genauere Betrachtung verlangt.

Die Furcht der Frauen vor Macht

Die männlich-orientierte Gesellschaft, wie sie bisher konstruiert ist, fürchtet die selbstbestimmte Wirksamkeit der Frauen. Einen Eindruck, wie erschreckend diese Vorstellung ist, geben die Reaktionen von Männern, wenn Frauen von der Macht der Frauen statt von der Nützlichkeit der Frauen sprechen. Und weil die Männer Furcht haben, haben sie den Frauen Angst »eingejagt«. Nur ist die seelische Dynamik der Angst bei den beiden Geschlechtern verschieden. Das ist wichtig auseinanderzuhalten. Frauen haben zweifellos nicht die gleichen Gründe für ihre Ängste, und jedenfalls nicht die, von denen Männer glauben, daß Frauen sie hätten, aber man *erweckt den Anschein,* als sollten Frauen sie haben.

Wir alle kennen Ausdrücke wie »frustrierte Xanthippe«, »Zicke« und ähnliches. Sie allein genügten, um viele Frauen nicht nur von Aggressivität abzuschrecken, sondern sogar von simpler direkter Selbstbehauptung. Aber wir müssen uns fragen, wer solche Ausdrücke prägte. In welcher Erfahrung liegt ihr Ursprung?

Es gibt zahlreiche Gründe, warum Männer Frauen fürchten, sie reichen von ganz oberflächlichen bis zu sehr tiefen und sind überhaupt recht vermischt. Wie ich schon sagte: wenn Frauen aus ihrem eingeschränkten Reservat hinaustreten, bedrohen sie die Männer in einem sehr tiefgreifenden Sinn mit der Notwendigkeit, viele der wesentlichen Faktoren menschlicher Entwicklung neu zu integrieren – also jene, die die Frauen bisher für die ganze Gesellschaft getragen haben. Diese Dinge hat man von sich fortgeschoben, und sie wurden doppelt so furchterregend, weil sie dazu angetan schienen, Männer in die Falle von »Emotionen« zu locken, in Schwäche, Sexualität, Verletzbarkeit, Hilflosigkeit, Sorgebedürftigkeit und andere verdrängte Bezirke. Ein anderer Grund: Auf einer deutlicher sichtbaren Ebene wird die Selbstbestimmung der Frauen ziemlich rasch dazu führen, daß viele der Dienstleistungen neu überdacht werden müssen, einschließlich der billigeren Arbeitsleistung, die Frauen bisher so bereitwillig erbracht haben.

Was aber sind die Gründe, warum Frauen selbst ihre Macht fürchten? Zunächst einmal bewirkt der direkte Einsatz ihrer eigenen weiblichen Stärken im eigenen Interesse häufig eine stark negative Reaktion bei Männern. Dies genügte oft, Mitglieder einer abhängigen Gruppe am direkten Gebrauch ihrer Macht zu hindern. Aufgrund derartiger Erfahrungen haben Frauen in sich eine übertriebene Gleichung aufgestellt: der effektive Einsatz ihrer eigenen Kraft bedeutet demnach, daß sie im Unrecht oder sogar destruktiv sind. Außerdem wird diese Botschaft den Mädchen von frühester Kindheit an übermittelt, lange bevor sie eine Chance hatten, deren Stichhaltigkeit im eigenen Leben zu überprüfen. Kann es uns dann noch überraschen, daß Frauen insgeheim die Überzeugung entwickelt haben, sie müßten zerstörerisch auf jemand anderen wirken, wenn sie ihre eigene Person direkt und effizient einsetzen? Und in der Tat, wie das Leben der Frauen eingerichtet ist, und wenn man bedenkt, was alles Frauen für andere heute noch pflichtgemäß zu tun haben, dann scheint dieses Konzept für sie auch jetzt noch seine Gültigkeit zu haben. Wenn eine Frau im eigenen Interesse handelt, dann wird es so hingestellt, als schädige oder verletze sie andere Menschen. So etwa mußte Anne, die Malerin aus unserem Kapitel 6, über ihre Kunst denken. Und obwohl sie den dabei wirksamen Mechanismus durchschaute, mußte sie dennoch zugeben, daß es ihr schwerfalle, das wirklich aus ihrem »Kopf herauszukriegen«. Die vergleichbaren Reaktionen nahmen bei einigen anderen unserer früher beschriebenen Frauen sehr viel bedenklichere Formen an.

Jane, unser Beispiel aus dem letzten Kapitel, bekannte eine Angst, die sogar die allererste Voraussetzung für Selbstbestimmung verhindert. Sie selbst hatte sich entschlossen, in eine andere Stadt zu ziehen, weil sie hoffte, alles werde damit besser. Als wir darüber sprachen, daß dieser Entschluß doch gute Ergebnisse gebracht habe, sagte sie:

»Schluß. Das mag ich nicht hören. Da bekomme ich Angst . . . Es macht mir sogar Angst, wenn ich bloß daran denke, daß ich diesen Entschluß fassen konnte und daß er sich als *richtig* herausgestellt hat . . . Es ist wirklich erschreckend, wenn ich dies einmal bewußt nachempfinde. Ich habe vorher nie etwas selbst entschieden. Immer hatte ich das Gefühl, daß ich nicht die richtige Entscheidung treffen würde. Und natürlich weiß ich eigentlich überhaupt nicht, was ich tun soll; irgendwie bin ich in das alles hineingestolpert ... Aber selbst wenn ich mal etwas entscheide, möchte ich am liebsten gar nichts davon wissen. Wenn ich auch nur daran denke, daß ich selbst das entschieden habe, daß ich alles so gemacht habe – und daß es ein *Erfolg* war –, dann kriege ich Angst, genau wie jetzt.

Sie wissen nicht, wie schrecklich das ist. Sie können das nicht verstehen.«

Der Selbsttäuschungsversuch Janes legt die heftigen Ängste bloß, die sie bei ihrem ersten Versuch, aus eigener Kraft zu handeln, empfand.

Eine andere Frau, Frances, befand sich auf einer anderen Entwicklungsstufe in dem Prozeß zu größerer Selbstbestimmung. Zwar war sie sehr aktiv und tüchtig, aber sie gestand ihre Fähigkeiten vor sich selbst nicht ein. Wenn sie über ihr vergangenes Leben sprach, sagte sie:

»Wenn Sam da war (ihr Mann), hatte ich Selbstvertrauen und sehr viel weniger Angst zu versagen. Es schien, als könnte ich mich frei bewegen und Dinge erledigen. Alle Möglichkeiten waren offen. Als er fortging, hatte ich das Gefühl, als sei alles verschlossen. Als würde nichts richtig ausgehen. Als würde ich in allem versagen. Ich hatte sogar Angst, überhaupt etwas anzufangen. Wenn er bei mir war, dann klappte es. Wie wenn er es machte, daß die Dinge geschehen.

Jetzt verstehe ich ja, daß ich das meiste selber gemacht habe. Meistens war ich es sogar, die die Ideen hatte, aber es sah irgendwie nie danach aus. Es sah aus, als würde er alles tun.

Jetzt habe ich das geändert. Ich *weiß*, daß ich die Dinge tue. – Es ist zu komisch. Jetzt möchte er zurückkommen, und alles sieht seitenverkehrt aus. Als ob sich alles verkrampft. Und das wird es auch – wenn ich wieder in die alte Masche verfalle. Dann wird wieder er alles tun, und ich werde wieder ›machtlos‹ sein. Bei der alten Methode ging es immer darum, daß wir beide alles so sahen und so taten, als käme es von ihm. Ich brauche das jetzt nicht mehr. Er schon. Aber damals brauchte ich das wohl auch.«

Es erwies sich, daß manche von Frances' Gefühlen der Hoffnungslosigkeit von ihrer Angst herrührten, ihre Stärken zu erkennen: daß sie Dinge bewältigen konnte und daß sie sich darauf verlassen konnte. Anfangs hatte sie jeden Vorschlag, selbst etwas für sich zu tun, beiseite geschoben: »Was, nur für mich? Wenn es nur für mich selber ist, was soll es dann? Das hat doch überhaupt keinen Sinn!« – Hier haben wir – in einer Nußschale – die Stärke der Frau und das Problem der Frau.

Masochismus und Macht

Um das Problem der Macht drehen sich auch gewisse Aspekte des sogenannten weiblichen Masochismus. Jane ist ein Beispiel dafür, warum es manchmal viel leichter scheinen kann, das Opfer zu sein und zu bleiben, als für sich selbst zu kämpfen. Denn sogar in einer objektiv schlimmen Situation braucht sich das Opfer weder mit dem eigenen Wunsch nach Veränderung der Situation herumzuschlagen noch mit der eigenen Möglichkeit, diese Veränderung herbeizuführen, oder mit dem Zorn, der sich in ihr wegen ihrer duldenden Position angestaut hat. Es kann leichter scheinen, dem anderen die Schuld zu geben und sich selbst auf diese Weise alle Auseinandersetzung mit diesen schwierigen Problemen zu ersparen. Da die Gesellschaft Frauen so sehr darin bestärkt, in dieser Lage zu verharren, bedeutet das Ausbrechen aus ihr, gegen eine sehr starke Übermacht anzugehen. Der Versuch, die Situation zu ändern, bedroht Frauen damit, nirgendwo hinzugehören, keine Alternative zu haben und, am allerschlimmsten, vollkommen isoliert und gesellschaftlich geächtet zu sein. Solche Drohungen können sehr wohl Wirklichkeit werden und dann in einer Art Recyclingprozeß die ohnehin schon tiefverwurzelten Ängste der Frauen erneut bestätigen.

Zorn und Wut sind besonders wichtige Symptome der Machtlosigkeit. Zorn bei sich selbst zu erleben und zu empfinden ist anfangs sehr erschreckend. Wenn man sich lange ohnmächtig gefühlt hat, reagiert man leicht mit Zorn. (Man läßt sich Unterdrückung nämlich nicht einfach gefallen, man reagiert darauf.) Selbst Frauen, die sich heute um Offenheit und Ausdrücklichkeit bemühen, werden immer wieder von der Angst befallen, sie könnten zornig werden, was sie oft nicht wollen. Häufig ist es schwer, Zorn und Anmaßung auseinanderzuhalten. Manchmal glauben Frauen auch, das Ausmaß ihres Zornes sei übertrieben oder ungerechtfertigt. Gewöhnlich lernt man beide nur auseinanderhalten, wenn man sich das Recht nimmt, den eigenen Zorn zu testen und zu erkunden. Überdies ist möglicherweise eine Menge mehr Zorn und Ärger gerechtfertigt, als man sich selbst eingestehen möchte. Manchmal mag es schwerer fallen, die Person(en) tatsächlich zu beschuldigen, die einem weh tun, als diesen masochistischen *Circulus vitiosus* von Selbstanklagen fortzusetzen. Dies trifft besonders dann zu, wenn man glaubt, die andere Person sei absolut notwendig für das eigene Leben. Eine »masochistische Person« erweckt vielleicht den Eindruck, als beschuldige sie den Unterdrükker; doch sie gibt sich selber viel größere Schuld, und die Situation ändert sich für beide nie.

Lebensbereiche mit und ohne Macht

Frauen, die sich abmühen, ihr Leben aufzubauen, oder die sich in Fabriken oder zu Hause abplagen, werden die oben angeführten weiblichen Stärken vielleicht nicht als sehr hilfreich und vorteilhaft ansehen. Wie sollten sie auch dazu beitragen, den Frauen ihr Leben zu erleichtern? Es sind ja keineswegs jene Eigenschaften, die einem »den Weg« in die Welt, wie sie derzeit beschaffen ist, ebnen helfen. Das ist es eben; genau das ist der Punkt. Alle diese Eigenschaften können *nur* dann als wertvoll gesehen werden, wenn sie auch dynamisch gesehen werden, zu einem höheren Status führend. Für viele Frauen heute scheinen dies aber umgekehrt genau die Tendenzen zu sein, gegen die sie am meisten ankämpfen müssen und von denen sie am ehesten loskommen müssen, wenn sie für sich etwas erreichen wollen. Es gibt sehr wichtige Gelegenheiten, bei denen Frauen manchmal das Gefühl haben, sie müßten sich gerade gegen diese Eigenschaften stark machen und wappnen, wenn sie überhaupt etwas schaffen wollen oder aus einer bestimmten persönlichen Bindung ausbrechen wollen.

Mir scheint aber, daß es in unserer Zeit nicht die spezifisch weiblichen Eigenschaften als solche sind, die den Frauen eine Falle stellen oder sie zurücksetzen: es sind doch vielmehr der *Gebrauch*, der von diesen Fähigkeiten gemacht wird, und die einfache Tatsache, daß man sehr leicht in Unterwürfigkeit, Würdelosigkeit und Unfreiheit verfällt, wenn man von dieser spezifisch weiblichen Basis aus handelt. Das muß nicht so sein. Wenn man Machtausübung und Selbstbestimmung mit hinzunimmt, hat man bereits die zwei entscheidenden Faktoren, die das verhindern können. Trotzdem kann es natürlich immer noch recht schwierig sein, im individuellen Fall die Stränge des Konflikts auseinanderzusortieren. Manchmal scheint es im Leben notwendig zu sein, einen Großteil des »Lastenpakets« einfach abzuwerfen, weil die eigene Würde oder die Selbstbehauptung dies momentan verlangt – und dies ist der wesentliche erste Schritt, wenn man überhaupt etwas tun oder einer lähmenden Verbindung entrinnen möchte. Auf der Ebene des Individuellen muß jede Frau von ihrem ganz besonderen Platz im Leben ausgehen. Aber den Blick auf einen größeren Bereich von Möglichkeiten zu richten, mag helfen, die vielen individuellen Varianten zu verstehen.

Sämtliche zuvor erwähnten Werte und Qualitäten – wie das Helfen bei der Entwicklung anderer Menschen – werden Sie nicht zum Generaldirektor von General Motors machen, selbst wenn dieser Aufstieg den Frauen offenstünde. Sie werden Ihnen nicht einmal ein Leben in Selbstbestimmung, Authentizität und Wirksamkeit verschaffen. Denn es ist ja wirklich so, daß diese in Frauen am höchsten entwickelten und möglicherweise für Menschen wichtigsten Eigenschaften eben gerade *jene* sind, die am wenigsten erfolgsträchtig in der Welt, wie sie heute ist, sind. Das ist ganz offensichtlich kein Zufall. Aber eben diese Eigenschaften könnten gerade die wichtigen sein, wenn die Welt sich ändern soll. Die Erwerbung wirklicher Macht steht in keinem Widerspruch zu diesen wertvollen Eigenschaften. Sie ist vielmehr nötig für deren vollkommene und unverzerrte Entfaltung.

Es ist selbstverständlich, daß Frauen, wenn sie heute nach wirklicher Macht streben, auf erhebliche Konflikte stoßen. Man hat Konflikt – als gesellschaftliche Tatsache und als psychologisches Studienobjekt – als besonders störendes Element verstanden. Es ist nötig, dies genauer zu prüfen, denn auch »Konflikt« ist nicht unbedingt das, als was er erscheinen sollte.

11. Kapitel

Der Anspruch auf Konflikt

Konflikt war stets ein tabuiertes Thema für Frauen, und dies aus begreiflichen Gründen. Frauen galten als die Quellen tausendfältiger Annehmlichkeiten, als die Vermittlerinnen, die Ausgleichenden, Besänftigenden und Glättenden. Aber dennoch sind Konflikte notwendig, wenn Frauen die Zukunft mit aufbauen sollen.

Wir alle, aber Frauen besonders, haben Konflikte als etwas Schreckliches und Böses betrachten gelernt. Diese Nebenbedeutung wurde von der dominanten Gruppe hinzugefügt und hat die Tatsache verschleiert, daß Konflikt nötig ist – und viel entscheidender: daß er, in seinem ganz grundlegenden Sinn, Lebensnotwendigkeit ist, weil hier die Ursprünge allen Wachsens liegen.

Wenn die Frauen lernen, von Widerstreit Gebrauch zu machen, werden sie zwei wichtige Aufgaben erledigen: Erstens werden sie nicht in die Falle »getürkter« Kontroversen tappen – Kontroversen, die ausschließlich an den Bedingungen anderer ausgerichtet sind, so daß Frauen garantiert verlieren müssen. Gleichzeitig aber werden sie auch klarstellen, daß Widerstreit eine unvermeidbare Lebenstatsache ist und keineswegs in sich selbst schlecht.

Ich habe behauptet, daß das Bemühen der herrschenden Gruppe, bestimmte kritische und ungelöste Konflikte und Probleme zu ignorieren und zu leugnen, dazu geführt hat, Frauen als bequeme Abladeplätze für diese Lebensaspekte einzusetzen. (Ich meine hier vorwiegend die gesellschaftliche Seite, obwohl das alles natürlich auch für die intimsten Privatbereiche zutrifft.) Dabei hat die dominante Gruppe die Angewohnheit zu behaupten, die »Dinge sind eben so, wie sie sind« und »so wie sie sind, ist es richtig«. Die Psychoanalyse aber hat herausgefunden, daß die Dinge eben meist *nicht* das sind, was man von ihnen behauptet. Sie sind Ausdruck von Konflikten und von Versuchen, Konflikte zu lösen. Alles, was »ist«, hat seinen Ursprung in Konflikt und wird weiterhin durch Konflikt funktionsfähig gehalten. Wichtig ist dabei die Fragestellung: Wodurch entstehen Konflikte wirklich, und haben wir die Begriffszusammenhänge Konflikt genau formuliert?

Eine der größten anfänglichen Entdeckungen der Psychoanalyse war, daß Symptome nicht sind, was sie zu sein scheinen – sie sind nicht fixiert und statisch. So ist beispielsweise eine hysterische Paralyse eben *nicht das gleiche* wie eine rein körperlich bedingte Paralyse. Sie ist überhaupt keine Paralyse im genauen Wortsinn. Sie ist, oder sie drückt aus, das Bemühen um Bewegung, wenn gleichzeitig aus wichtigen Ursachen Bewegung blockiert ist. Eine solche »Paralyse« ist ein Konflikt*prozeß,* nicht ein »Etwas« oder auch nur ein statischer Befindenszustand. Es ist eine Bewegung und trägt also die Möglichkeit der Veränderung in sich.

Konflikt prägt sich nicht nur in Symptomen aus, das ganze Leben ist Konflikt. Ganz einfach gesagt: Das große Geheimnis, dem die Psychoanalyse auf die Spur gekommen ist – und es liegt allen ihren anderen Geheimnissen zugrunde –, ist eben das Geheimnis des Konfliktes selbst.

Wenn Frauen nach Selbstverständnis und Selbstbestimmung suchen, werden sie notgedrungen Konflikt als einen fundamentalen Prozeß der menschlichen Existenz begreifen lernen. Solange man Frauen bei dem massiven Versuch, bestimmte menschliche Grundprobleme zu unterdrücken, einspannte, blieb der Konfliktprozeß selbst verdeckt. Wenn Frauen diese alte Position aufgeben, wird man mehr über Widerstreit erfahren und sich auf angemessenere Weise damit befassen können – und man darf hoffen, vielleicht doch zu verstehen, was in unseren Köpfen vorgeht. Das heißt, Frauen *schaffen* nicht Konflikte, sie decken nur die Tatsache auf, daß Konflikt existiert. Auch hier müssen wir wieder versuchen, ein paar Begriffe neu zu definieren, an die man uns so sehr gewöhnt hat.

Zusätzlich zu diesen allgemeinen und etwas abstrakten Problemsituationen gibt es für Frauen heute ganz konkrete, auf wirtschaftlichem, gesellschaftlichem und politischem Sektor. Das ist nur allzu offensichtlich. Aber gerade weil Frauen mit solchen alltäglichen, zermürbenden Schwierigkeiten zu kämpfen haben, sobald sie vorankommen wollen, sind sie auch besser imstande, auf der komplizierten abstrakten Ebene Klarheit zu schaffen. Angehörige der herrschenden Gruppe können leichter ignorieren, daß es Konflikte gibt. Dagegen sehen Frauen die *Notwendigkeit* von Auseinandersetzungen sehr deutlich, wenn sie nur auf ihrem selbstgewählten Weg im eigenen Interesse weitergehen wollen, und daraus könnten sie Kraft schöpfen. Außerdem sollte ihnen die Aussicht Mut machen, daß Konflikt nicht zwangsläufig so ausgetragen werden *muß* wie bisher. Es gibt andere Möglichkeiten.

Unterdrückter Konflikt

In den vorigen Kapiteln haben wir gesagt: sobald eine Gruppe Dominanz erlangt, beginnt sie unweigerlich eine Konfliktsituation heraufzubeschwören, versucht aber gleichzeitig, den Konflikt zu unterdrücken. Außerdem engagieren sich Untergeordnete, die das Vorurteil der Herrschenden über sich akzeptieren, sie seien passiv und gefügig, nicht *offen* in Auseinandersetzungen. Widerstreit tritt zwischen Beherrschenden und Untergeordneten notwendig auf, aber er wird in den Untergrund verdrängt. Solche verdeckten Konflikte sind verzerrt und stecken voll destruktiver Energie. Wenn man nur die Qual und die Frustration des versteckten Konflikts kennt, glaubt man leicht, daß eben *dies* Konflikt *ist*.

Nun ist es in der Praxis freilich sinnlos, Untergeordnete

zu offener Auseinandersetzung auf der persönlichen Ebene anzuspornen, so als ob sie nicht abhängig oder nicht machtlos wären. Frauen als Gruppe konnten deshalb fast nur indirekte Konflikte austragen, bis sie sich eine gewisse Stärke »in der wirklichen Welt« erworben hatten. Es ist praktisch unmöglich, einen offenen Konflikt anzufangen, wenn man von der anderen Person oder Gruppe in den wesentlichen materiellen und psychischen Existenzmitteln total abhängig ist. Außerdem gab es für Frauen natürlich zusätzliche schwere Behinderungen auf ihrem Weg zu ökonomischer und gesellschaftlicher Macht und Autorität, weil ihr Leben so stark an das Biologische und das Aufziehen der Kinder gebunden ist. Natürlich brauchen solche Rollendefinitionen Frauen nicht von der vollen Beteiligung an der »Welt« abzuhalten; doch eine Veränderung der jetzigen Situation verlangt eine grundsätzliche Reorganisation unserer Institutionen und der Aufstiegschancen in ihnen. Es lassen sich leicht andere Regelungen der Arbeitszeit finden, so daß Frauen wie Männer sich in die Kindererziehung teilen und beide voll an den Lebensmöglichkeiten unserer Zeit teilhaben könnten, wenn beide Partner dies wünschen. Aber dies für eine große Zahl von Menschen durchzusetzen, würde weit mehr Veränderungen sozialer und wirtschaftlicher Einrichtungen erfordern, als andere unterdrückte Gruppen je erreichen mußten. Wir haben uns nicht zu fragen, wie können sich Frauen in die vorhandenen, für Männer organisierten Institutionen einpassen und in ihnen Karriere machen, sondern: wie müßten diese Institutionen umorganisiert werden, damit Frauen in ihnen einen Platz finden können. So ist von Frauen beispielsweise noch immer die sehr berechtigte Frage zu hören: »Wie wollen Sie das Problem der Kinder lösen?« Doch das liefe auf den Versuch hinaus, Widerspruch in der althergebrachten Weise zu formulieren. Die Fragen sollten besser lauten: »Wenn wir als eine *Gemeinschaft von Menschen* Kinder haben wollen, was gedenkt die Gesellschaft für sie zu tun? Wie will sie für sie sorgen, ohne daß Frauen darunter zu leiden haben, indem sie dafür andere Formen von Teilnahme und Einfluß einbüßen? Wie gedenkt die Gesellschaft sich zu organisieren, so daß Männer sich in gleichem Maß an der Fürsorge für die Kinder beteiligen können?« Keine dieser wesentlichen Veränderungen wird ohne Widerstand durchzusetzen sein. Doch es ist sehr wichtig, erst einmal die großen Ziele zu bestimmen und von da aus zu debattieren, anstatt sich auf einen Kampf mit falschen Prämissen ablenken zu lassen.

Daß solche notwendigen sozialen Veränderungen noch immer in so weiter Zukunft zu liegen scheinen und daß ihre Forderungen als so weitreichende, geradezu radikale, erscheinen, ist vielleicht ebenfalls ein Grund für Mutlosigkeit bei den Frauen. Sie können nur schwer an ihr *Recht* glauben, *so viel* zu fordern. Aber es sind keine irrationalen oder unbescheidenen Forderungen. Man sollte statt dessen eher fragen, wieso die Erfüllung derartig offensichtlicher Bedürfnisse der Frauen *noch immer* als übertriebene Forderung erscheinen kann. Wir müssen deshalb einige Grundzüge von Konflikt noch einmal überdenken.

Der »Schmelztiegel« Konflikt

Konflikt beginnt im Augenblick der Geburt. Der Säugling und später das Kind verursachen sofort und beständig Konflikte im Zusammenhang mit ihren Wünschen. Die ältere Bezugsperson in einer solchen Interaktion bringt dem Kleinkind ihre/seine spezifische Psychostruktur entgegen, die besetzt ist mit einer persönlichen Sammlung von Konzeptionen darüber, was diese Person tun möchte oder sollte, zu welchen Ergebnissen sie/er kommen sollte, usw. Bei der Interaktion dieser beiden Menschen, die zwei voneinander völlig verschiedene Psychostrukturen und ganz andere Wünsche haben, wird das Ergebnis die Schaffung eines neuen Zustandes in jeder Person sein. Das Resultat wird sich in gewisser Weise von dem unterscheiden, »was beide jeweils beabsichtigten«. (Natürlich »beabsichtigt« ein Kleinkind nicht bewußt etwas, aber es hat sehr reale und wichtige Ziele, die es anstrebt.) Ein Ergebnis der Interaktion wird sein, daß beide Beteiligte Veränderungen durchlaufen, aber beide auf unterschiedliche Weise und von unterschiedlichem Grad. Aus unzähligen solcher Interaktionen – also immer neuen wiederholten und leicht variierten *Konflikten* – entwickelt jeder Beteiligte eine veränderte Vorstellung dessen, was sie/er ist. Und dieses immer wieder erneuerte Konzept schafft seinerseits neue Wünsche; und aus den neuen Wünschen entspringt neues Handeln. Beide Beteiligte gehen in die Beziehung mit unterschiedlichen Absichten und Zielen, und beide werden gezwungen, ihre/seine Absichten und Ziele im Verlauf und als Ergebnis der Interaktion abzuwandeln – das heißt, infolge eines Konfliktes.

Im Idealfall werden die neuen Zielsetzungen jedesmal umfassender und reicher sein und nicht begrenzter oder beengter. Also sollte jede Partei an Einsicht, an Anspruch (an das Ergebnis einer jeden Beziehung) und an Persönlichkeit gewinnen. Leider ist nur allzuoft das Gegenteil der Fall, daß Konflikte zu einer Minderung von Zielsetzungen und persönlicher Energie führen.

Ein produktiver Konflikt kann durchaus das Gefühl der Veränderung, der Erweiterung oder der Freude bringen. Er kann zuweilen wohl auch Angst und Schmerz heraufbeschwören; aber selbst diese Gefühle sind anders als die bei einem destruktiven oder blockierten Konflikt. Ein destruktiver Konflikt ruft die Überzeugung hervor, daß man wohl kaum dabei »als Sieger« hervorgehen wird und nichts sich wirklich ändern oder bessern wird. Meist ist damit das Gefühl verbunden, man müsse sich wohl oder übel von den eigenen zutiefst empfundenen Motiven und Wünschen frei machen.

Kinder und Heranwachsende »lernen« stufenweise, daß es gefährlich sei, Auseinandersetzungen heraufzubeschwören. Bis wir erwachsen sind, haben wir dann alle recht gut gelernt, Konflikte zu unterdrücken, aber nicht, Konflikte konstruktiv auszutragen. Erwachsene scheinen nicht zu wissen, wie man sie mit Anstand und Respekt und einem Minimum an Vertrauen und Hoffnung angehen kann. Es ist daher auch keineswegs verwunderlich, daß so viele Auseinandersetzungen übel ausgehen und Erwachsene danach voller Angst und Furcht vor Widerstreit stecken, was Kinder besonders schnell und sicher spüren.

Dieses Grundproblem mit Konflikt, das allen speziellen Konfliktsituationen innewohnt, hat eine starke Ähnlichkeit mit der Art und Weise, wie Auseinandersetzung von sämtlichen herrschenden Gruppen in einer Situation der Ungleichheit gesehen und ausgetragen wird. Man muß fragen, wie Konflikt gesehen und gehandhabt wurde und warum es so schwerfiel, etwas Positives daraus zu machen.

Alte Ansichten und Formen von Konflikt

Wenn wir uns fragen, wie wir Widerspruch zu einer positiven Sache machen können, müssen wir erkennen, daß keiner in unserer Gesellschaft (oder in vielen anderen Gesellschaftsordnungen) dies richtig gelernt hat. Bis vor kurzem wurde Konflikt überhaupt kaum toleriert. Es gab ein ehernes Gesetz und harte Strafen für jene, die sich dem nicht fügen wollten. Aber selbst heute werden Probleme zwischen den verschiedenen Gruppen in einer Männergesellschaft noch auf einem äußerst erschreckenden und gefährlichen Terrain ausgefochten.

In diesem Kontext kann es so aussehen, als sei Konflikt an sich notwendig destruktiv. Es ist aber viel wahrscheinlicher, daß er erst gefährlich wird, wenn er *unterdrückt* wird. Dann hat er, im Extremfall, die Tendenz zu explodieren – auf dem gesellschaftlichen wie auf dem privaten Sektor. Diese Tendenz, im Fall der Unterdrückung in Gewalttätigkeit umzuschlagen, wirkt als handfestes Abschreckungsmittel gegenüber Abhängigen. Konflikt wird nun so präsentiert, als zeige er sich *stets* in seiner extremen Erscheinung, wohingegen es doch gerade die mangelnde Einsicht in die Notwendigkeit von Konflikt und die Unfähigkeit, Konflikte in angemessener Weise anzugehen, sind, die eigentlich die Gefahr heraufführen. Diese äußerst destruktive Form ist schrecklich, nur dürfen wir nicht vergessen, daß sie ja das Endresultat des Versuchs ist, Konflikt zu vermeiden und zu unterdrücken.

Neben dieser handfesten psychologischen Abschreckung ist natürlich die simple Tatsache zu bedenken, daß in jeder Situation der sogenannten »realen Welt« die Herrschenden über fast alle wirkliche Macht verfügen. Dies wirkt selbstverständlich stark abschreckend. Aber trotz dieser zwei wirkungsvollen allgemeinen Abschreckungsmittel gegen Widerstreit, muß man sich doch fragen, warum sich Frauen auch im Einzelfall nicht so schnell und gut rühren und wehren, wie sie es könnten und sollten. Dabei spielt wohl ihre Unwilligkeit, Konflikte anzufangen, eine große Rolle.

Anstöße zu Konflikt

Für eine Frau bedeutete es bisher, wenn sie einen Konflikt mit Männern auch nur fühlte, daß irgend etwas mit ihr »psychologisch« nicht in Ordnung sei, da man ja »über die Runden kommen müßte«, wenn man »in Ordnung ist«. So wird also jede ursprüngliche Konflikterfahrung zu einem fast direkten Beweis dafür, daß sie, die Frau, im Unrecht und außerdem noch »unnormal« ist. Und auf diese Weise werden manche der besten Impulse und produktiven Energiemöglichkeiten der Frauen bereits im Keim erstickt. Der Druck auf die Frauen zu glauben, daß sie im Unrecht sein müßten, ist überwältigend: sie haben schuld, es stimmt etwas nicht *mit ihnen.*

Wir schlagen eine andere Einstellung vor: Wenn Frauen das *Gefühl* haben, sie seien in einer Konfliktsituation, dann gibt es einen guten Grund zu glauben, sie sollten in einer *sein.* Das kann zumindest anfangs helfen. Ihre Hoffnungen und Energien würden damit nicht schon verzehrt, bevor sie sich überhaupt zu sammeln beginnen. In der Vergangenheit mußten Frauen in einem Bezugssystem von Vorstellungen und Vorschriften leben, das negativ für sie war. Sie versuchten sich in ein Verhaltensmuster einzupassen, das für keinen Menschen passend gewesen wäre. Dann gaben sie sich selbst die Schuld, wenn sie sich nicht hineinzwängen konnten oder bei dem Versuch in Schwierigkeiten gerieten. (Auch Männer haben das auf ihre Weise erlebt, haben »versucht, sich auf unangemessene Weise in eine unangemessene Situation einzupassen«, wie Kenneth Burke es ausdrückte; aber das spezifische Nicht-Passen ist eben für die beiden Geschlechter völlig verschieden.)

Nach diesen allgemeineren Betrachtungen sollten wir uns wieder den spezifischen Problemen der Frauen heute zuwenden und kurz auf die Fälle von Jane, Doris und Nora zurückgreifen, über deren Versuche der Selbstfindung und Selbstbestimmung wir oben gesprochen haben. Jede von ihnen stieß auf ihrem Weg zunächst auf ein besonderes persönliches Hindernis, und jede von ihnen mußte, um den nächsten Schritt tun zu können, Konflikt auslösen. Für Doris war es die Auseinandersetzung mit ihrem Mann, für Nora die mit den Partnerinnen in ihrer Frauengruppe und für Jane die mit ihren Arbeitskolleginnen.

In allen Fällen hatte das Auslösen von Konflikt noch eine weitere Dimension, denn jede mußte ihn anfangen, während sie noch das alte Selbstverständnis mit sich herumtrug, das Image, das sie haben zu müssen glaubte. Und mit diesem in Widerstreit zu geraten, ist natürlich ebensoschwer wie das

Bewältigen von Widerstreit mit anderen. Doris und Nora hatten ein Image von sich als die immer »starke Frau«, was weder gerechtfertigt noch nötig war. Jane sah sich als die schwache, anhängliche Frau. In jedem Fall blockierten diese Image-Fixierungen eine Weiterentwicklung der eigenen Persönlichkeit; sie standen der Aneignung größerer persönlicher Stärke im Weg.

Das Austragen eines »guten« Konfliktes

Wir haben gesagt, daß Vorwärtskommen und Weiterentwicklung die ganze Zeit über Konflikt mit sich bringen. Sicher wird es auch Konflikt mit unserem alten Bewußtseinsstand geben – und das im allerweitesten Sinne. Dabei brauchen wir unbedingt andere Menschen. So hätte zum Beispiel Nora ihr altes Image von sich selbst allein nicht verstehen können: sie brauchte andere Menschen, mit denen sie das Risiko teilen konnte, Menschen, denen sie vertraute (oder Menschen, mit denen sie eine Vertrauensbasis aufbauen konnte, da Vertrauen ja nicht plötzlich von selbst kommt.)

Außerdem: wenn man versucht, sich gegen die Rahmenvorschriften der herrschenden Kultur zu entwickeln, ist nur schwer sicher sein, daß man die Dinge richtig sieht. Es fällt einem nicht leicht zu glauben, daß man im Recht ist, und noch grundsätzlicher, daß man überhaupt Rechte *hat.* Für all dies ist eine Gemeinschaft von gleichgesinnten Menschen wichtig.

Früher war die wohl größte Drohung, der sich Frauen beim Auftauchen von Konflikt gegenübersahen, die der Verdammung und der Isolierung – vor allem der Isolierung. (Das ist für uns alle wahrscheinlich die letzte Waffe, aber wie wir so oft gesehen haben, war die Situation so strukturiert, daß dies für Frauen auch *unmittelbar bevorzustehen* schien.) Frauen haben heute schon unterstützende Einrichtungen geschaffen, die helfen, diese Bedrohung zu überwinden. Ohne Zweifel brauchen wir alle soviel Hilfe, wie wir nur bekommen können. Es ist schwer, den eigenen Weg ganz allein zu finden, richtig abzuschätzen, welche Aspekte von Widerstreit angemessen oder unangemessen sind, zu wissen, wann man berechtigte und wann übertriebene oder falsche Forderungen stellt.

Das ist kein leichter oder gerader Weg. Unterwegs ändern sich Bedeutungen, oder Gewichtungen werden durch den Verlauf des Konfliktes verschoben. Welche Frau kennt die eigenen Bedürfnisse immer ganz genau? Meistens treten sie nicht klar und deutlich auf, und besonders, wenn sie wichtig sind, können sie stark mit Emotionen besetzt und schwer zu beurteilen sein. Solche Konflikte überhaupt einzugehen, erfordert schon eine Menge Courage. Die Hoffnung auf erfolgreiche Bewältigung liegt in einer würdigen Auseinandersetzung mit anderen Menschen. Bisher wurde den Frauen nahegelegt haltzumachen, noch bevor sie den ersten Schritt taten; man brauchte ihnen nicht einmal zu sagen, daß sie kaum eine Chance hätten zu gewinnen, und noch weniger Hoffnung auf ein würdiges Übereinkommen. Das alles kann heute anders werden. Frauen haben bereits begonnen, Lebensbedingungen zu schaffen, die ihnen Zusammenarbeit und ehrliche Auseinandersetzung in gegenseitiger Achtung gestatten.

Nachwort:

Ja ... aber ...

Eine der Schwierigkeiten mit dem Wort »Einsicht«, wie es generell in der Psychologie gebraucht wird, ist, daß man eine Sache erst wirklich zu verstehen beginnt, *nachdem* man schon begonnen hat, sie zu verändern – sei es ein Symptom, einen Charakterzug, eine Lebenshaltung.[1] Vorher kann man es nicht wirklich *sehen.* (Wie die Gefangenen im Höhlengleichnis Platons, die an die Wand ihrer Höhle gekettet sind, glauben wir, die Dinge seien, wie sie uns erscheinen, obwohl wir doch nur ihre Schatten gesehen haben.)

Nur weil Frauen selbst angefangen haben, ihre Lage zu verändern, können wir nun auch neue Wege zum Verständnis der Frauen sehen. Nur weil viele mutige Frauen– einmal mehr in unserer Zeit, gesagt haben: »Wir weigern uns, zweitklassig zu sein«, können wir allmählich sehen, was dieser Status der Zweitklassigkeit alles bedeutet – nicht nur für Frauen selbst, sondern auch für die gesamte Struktur des menschlichen Geistes und für unsere Versuche, diese Struktur zu begreifen.

Abgesehen von der psychologischen Theorie werden diese Veränderungen heute bereits im Alltag deutlich spürbar. Bei meiner Arbeit als Psychotherapeutin stelle ich zum Beispiel fest, daß jetzt viele Frauen ihre eigenen Bedürfnisse erkunden und sich selbst aus ihren eigenen Bedingungen heraus verstehen wollen – und es sieht so aus, als wäre das sehr sinnvoll. Dies mag einfach scheinen; doch es war nicht immer einfach. In der Vergangenheit begannen Frauen meist damit, daß sie sich fragten, was mit ihnen nicht stimme, wenn sie sich nicht an die Bedürfnisse und Pläne der Männer anpassen konnten. Der Unterschied zu heute zeigt einen ungeheueren Wandel an. Es ist ein Wandel, wie ihn die Psychotherapie nicht hätte heraufführen können. Er ist der

Therapie voraus, doch seine Auswirkungen auf sie sind enorm. Es gibt noch viele andere Implikationen für die Therapie, auf die wir hier nicht eingegangen sind. Das bleibt noch zu tun. Heute arbeiten zahlreiche Frauen und Frauengruppen an diesen Aufgaben. Und in vielen Fällen arbeiten sie auf eine neue, offenere und stärker kooperative Weise.

Ich habe hier versucht, Anregungen zu geben, keine Rezepte. Ich sehe dieses Buch gern als einen Schritt in einem Entwicklungsprozeß, an dem viele Menschen beteiligt sind. Verschiedene Leute haben von meinen Überlegungen hier gehört und mir die ganze Zeit über geholfen. Die Erwiderung einer Frau war für mich eine besondere Belohnung. Sie sagte: »Die ganze Zeit, während ich Ihr Buch las, wollte ich Ihnen sagen: ›Ja . . . aber . . .‹ und: ›Nein, da haben Sie etwas außer acht gelassen . . .‹« Wenn wir das weiterhin füreinander tun, dann werden wir unsere Ideen differenzieren, überprüfen und eventuell gänzlich neu überdenken. Es ist ein gutes Gefühl, daß wir heute eine Gemeinschaft von Menschen haben, die dazu in der Lage sind.

Eine Gemeinschaft entschlossener und gleichgesinnter Frauen, die gemeinsam für ihre selbstgestellten Ziele arbeiten, das ist für die meisten von uns etwas vollkommen Neues. Dies hat eine Atmosphäre, ein Umfeld erzeugt, das uns eine ganz neue Lebensqualität einträgt. Es unterstützt unsere Erkenntnisversuche und stärkt unsere persönliche Überzeugung von den Zielen und den Methoden unserer Bemühungen. Es schafft ein neues Empfinden für den Zusammenhang zwischen Wissen, Arbeit und persönlichem Leben. All dies hat für Frauen zu geschehen begonnen.

Anmerkungen

Teil I
1. Kapitel

1 Es gibt zahlreiche frühere Darlegungen ähnlicher Ideen mit etwas anderer Gewichtung. Siehe: Gunnar Myrdal: A Parallel to the Negro Problem, Anhang 5 in: *An American Dilemma,* New York 1944, S. 1073–1078; und Helen Mayer Hacker: Women as a Minority Group, *Social Forces,* 30, Oktober 1951, S. 60–69.

Teil II
Einführung

1 Ich bin nicht in allem den Formulierungen von Robbins gefolgt, sondern habe Beobachtungen aus meiner eigenen Praxis vorgelegt. Robbins' Gedanken wurden bei einem psychoanalytischen Symposium im Jahre 1950 vorgetragen, einer düsteren Periode für Frauen. Es ist interessant anzumerken, daß der Kollege, dem die kritische Kommentierung dieses Vortrags übertragen war, ihn lächerlich machte und völlig ablehnte. Der Vortrag wurde nur in einer kleinen Druckschrift zum Verlauf des Symposiums zugänglich gemacht und nie in größerem Umfang veröffentlicht. Bernard S. Robbins: The Nature of Femininity, *Proceedings of Symposium on Feminine Psychology,* unter der Schirmherrschaft des Comprehensive Course in Psychoanalysis, New York, New York Medical College, 1950.

4. Kapitel

1 John Bowlby: *Attachment and Loss,* 1. Bd.: *Attachment,* London 1969.
2 Jessie Bernard: *Women and the Public Interest. An Essay on Policy and Protest,* Chicago 1971.
3 I. Broverman, D. Broverman u. a.: Sex-Role Stereotypes and Clinical Judgments of Mental Health, *Journal of Consulting and Clinical Psychology,* 34 (1970), S. 1–7.
4 Sigmund Freud: Die endliche und die unendliche Analyse, *Internationale Zeitschr. f. Psychoanalyse,* 23 (1937); Gesammelte Werke, Bd. XVI.

5. Kapitel

1 Anita Mishler, in einer persönlichen Mitteilung.
2 Auf spezifische Beispiele dafür wiesen Clara Thompson und Frieda Fromm-Reichmann schon vor langem hin. Siehe beispielsweise: Clara Thompson: Some Effects of the Derogatory Attitude Towards Female Sexuality, *Psychiatry,* 13 (1950), S. 349–354; Neuveröff. in J. B. Miller (Hrsg.): *Psychoanalysis and Women,* New York 1973; und Frieda Fromm-Reichmann und Virginia Gunst: Discussion of Dr. Thompson's Paper, Nachdr. ebendort.

6. Kapitel

1 Siehe z. B. Harriet Lerner: Early Origins of Envy and Devaluation of Women. Implications for Sex Role Stereotypes, *Bulletin of the Menninger Clinic,* 38 (1974), S. 538–553.
2 Robert J. Stoller: *Sex and Gender,* New York 1968; Facts and Fancies. An Examination of Freud's Concept of Bisexuality, in: Jean Strouse (Hrsg.): *Women and Psychoanalysis,* New York 1974, S. 343–362; und J. Money und A. Ehrhardt: *Man and Woman, Boy and Girl,* Baltimore, Johns Hopkins University Press, 1973.

7. Kapitel

1 Siehe z. B. Michelle Z. Rosaldo: Women, Culture and Society. A Theoretical Overview; Nancy Chodorow: Family Structure and Feminine Personality; Sherry B. Ortner: Is Female to Male as Nature is to Culture? – alle in: Z. Rosaldo und Louise Lamphere: *Women, Culture and Society,* Stanford, Stanford University Press, 1974.
2 Ebendort.
3 Marcia Millman: Observations on Sex-Role Research, *Journal of Marriage and the Family,* (Nov. 1971), S. 772–776; Philip Slater: *The Pursuit of Loneliness,* Boston, rev. Aufl., 1976.
4 Frank Johnson und Colleen L. Johnson: Role Strain in High Commitment Career Women, *Journal of the American Academy of Psychoanalysis* (im Druck).
5 David Bakan: *The Duality of Human Existence,* Boston 1966.
6 Christopher Lasch: ›Selfish Women‹. The Campaign to Save the American Family, 1890–1920, *The Columbia University Forum* (Frühj. 1975), S. 23–31.

Teil III

8. Kapitel

1 Walter Bonime: The Psychodynamics of Neurotic Depression, in: Silvano Arieti (Hrsg.): *American Handbook of Psychiatry,* Bd. 3, New York 1966.
2 Jean B. Miller und Stephen M. Sonnenberg: Depression Following Psychotic Episodes. A Response to the Challenge of Change?, *Journal of the American Academy of Psychoanalysis,* 1 (1973), S. 253–270.

9. Kapitel

1 M. Wertheimer: *Productive Thinking,* New York 1959.

Nachwort

1 Ich glaube, daß dieses für die Psychotherapie zuerst von Bernard S. Robbins gesehen wurde.